GRAMMAIRE FRANÇAISE

EN TABLEAUX.

Les formalités voulues par la loi ont été remplies.

Les exemplaires non revêtus de la signature de l'auteur seront réputés contrefaits, et tout contrefacteur ou débitant de contrefaçons de cet Ouvrage, sera poursuivi suivant la rigueur des lois.

GRAMMAIRE FRANÇAISE

EN TABLEAUX,

PAR

C. CORNILLAC,

Membre Correspondant de la Société Grammaticale de Paris.

SECONDE ÉDITION.

Donner de la couleur et du corps aux pensées.
BRÉBEUF.

CHATILLON-SUR-SEINE,
(CÔTE-D'OR)
CHARLES CORNILLAC, IMPRIMEUR-LIBRAIRE.

1834.

AVERTISSEMENT.

Depuis deux siècles, la langue française s'est enrichie d'une foule de chefs-d'œuvre, qui en ont fixé le caractère et déterminé les formes. Tandis que de grands écrivains, de sublimes orateurs, des poètes immortels, l'élevaient par leur génie au premier rang des idiômes modernes, d'habiles Grammairiens en développaient les principes et le mécanisme, par les travaux difficiles, quoique moins glorieux, de la métaphysique et de l'analyse.

Despréaux, Racine, Pascal, Bossuet, Massillon, Montesquieu, Rousseau, Buffon, Voltaire, créaient, par leurs admirables productions, les modèles où Port-Royal, Dumarsais, Restaut, Wailly, Condillac, Beauzée, ont puisé les règles du langage.

Mais les ouvrages de ces derniers, précieux pour les esprits exercés qui veulent approfondir la Grammaire, ne paraissent pas destinés à ouvrir les premières voies de cette science : pour la jeunesse, pour l'enfance surtout, ils sont trop chargés de détails et de raisonnements qui, à cet âge, fatiguent la mémoire sans éclairer l'intelligence.

Beaucoup d'auteurs, il est vrai, ont publié des *Éléments* dégagés de discussions scientifiques; cependant l'opinion n'a pas jusqu'ici proclamé de succès éclatant en ce genre de composition : c'est qu'aucun de ces abrégés ne se recommande éminemment par l'exactitude et la simplicité des définitions, par la concision des règles, par l'heureux choix des exemples, par la clarté du style, par l'ordre et l'enchaînement des leçons; c'est que dans aucun, peut-être, on ne s'est assez occupé d'adoucir la sévérité du sujet, par la forme de l'enseignement. Une méthode, qui présenterait ces avantages, serait aussi utile aux maîtres qu'aux élèves; nous avons entrepris de les réunir dans l'essai que nous offrons au public sous le titre de *Grammaire en Tableaux*.

C'est par l'attention que l'esprit se porte vers les objets, qu'il les saisit, les observe, les distingue, et s'en forme des idées justes et vraies; c'est par l'attention que s'exercent et se déploient toutes les facultés de l'entendement. Cette donnée, aussi simple que philosophique, indique assez que la meilleure Grammaire doit être celle qui fournit les plus sûrs moyens d'exciter et de soutenir l'attention des élèves.

Afin d'atteindre ce but dans la nôtre, nous nous sommes adressé aux yeux, pour pénétrer jusqu'à l'esprit par de vives impressions; notre procédé est tracé dans ce vers d'un poète français, que nous avons choisi pour épigraphe :

Donner de la couleur et du corps aux pensées.

L'idée de colorier les objets, pour en rendre l'impression plus forte et plus durable, n'est pas nouvelle; mais nous espérons qu'on nous saura quelque gré de l'avoir appliquée, dans notre essai, aux notions fondamentales que l'élève ne doit jamais oublier. Cette différence n'est pas la seule qui distingue notre plan de celui des Grammaires connues; les maîtres s'en convaincront aisément.

Nous avons adopté la division du discours en dix parties, parce qu'elle est claire et rend compte de tous les éléments du langage. Nous représentons cette division avec ses détails essentiels, à la tête de l'ouvrage, dans un tableau synoptique qui contient toute la substance de notre travail, et montre d'un coup d'œil à l'élève la carrière qu'il doit parcourir. Le maître aura soin de le lui remettre sous les yeux à la fin du cours, pour lui retracer toutes les matières de ses études. Ainsi ce tableau, après avoir servi d'introduction à notre Grammaire, en formera encore le résumé. Il nous fournit aussi l'ordre et le cadre de nos leçons.

Cet ordre amène au premier rang le *substantif*, mot principal de toute phrase; et nous renfermons, dans quatre paragraphes, ce que nous avons à dire sur cette partie du discours.

La première leçon reproduit l'analyse qui, dans le tableau synoptique, se rapporte au substantif; elle reparaît sous la même forme. Les yeux la reconnaîtront facilement, et la mémoire se la rappellera sans effort.

La deuxième leçon développe la définition du substantif, sa division en plusieurs classes, les modifications de genre et de nombre qui en varient la forme et en multiplient les applications. Chaque point est éclairci par des exemples simples et familiers; chaque article se détache par la couleur qui le distingue dans le tableau de la première leçon; et cette diversité d'images prévient la confusion des idées.

Les notions principales ainsi fixées, l'emploi des couleurs devient inutile pour les leçons suivantes.

La troisième porte l'attention de l'élève sur les diverses observations qui doivent compléter la théorie du substantif. Les explications et les remarques dont se compose cette leçon ne pourront paraître difficiles à celui qui aura bien compris les deux premières.

La quatrième offre, sous deux colonnes, des exercices variés sur les notions que renferment les leçons précédentes. Un sommaire placé en tête de ces exercices, avec des chiffres de renvoi qu'on retrouve en marge de la première colonne, à côté des exemples qui s'y rapportent, et l'emploi des caractères *italiques* pour indiquer, dans cette première colonne, les substantifs à expliquer, familiariseront promptement l'élève avec la pratique de toutes les règles ; alors il pourra être abandonné à ses propres forces, pour en faire l'application aux exercices de la deuxième colonne dont chaque alinéa se rapporte au même objet et au même titre que l'alinéa correspondant de la première colonne.

C'est au maître à diriger l'emploi de ces exercices : il comprendra facilement qu'il ne doit faire passer l'élève à ceux de la deuxième colonne, que lorsque celui-ci ne sera plus arrêté par aucune difficulté sur les exemples de la première.

Au reste, au lieu d'épuiser cette première colonne avant d'exercer l'élève sur la deuxième, il pourra, après avoir parcouru le premier alinéa de la première colonne, passer au premier alinéa correspondant de la deuxième, puis revenir au deuxième alinéa dans les deux colonnes, et ainsi de suite alternativement jusqu'au dernier.

Ce que nous venons de dire sur le substantif nous dispense d'entrer dans aucun détail sur les autres parties du discours qui sont exposées successivement dans la même forme et soumises à la même analyse : tableau analytique, notions générales, définitions précises, exemples faciles, emploi des couleurs pour rendre l'impression de ces premières leçons plus profonde, explications et remarques où viennent se ranger les développements qu'exige le sujet, exercices qui mettent l'élève aux prises avec toutes les difficultés, et l'accoutument à en triompher : telle est la route que nous lui faisons suivre constamment pour le conduire, par une marche uniforme, à une connaissance solide et méthodique des éléments de la Grammaire.

On remarquera qu'à l'exception du verbe, chacun de ces éléments est traité dans deux pages en regard, de manière que tout ce qui concerne un même sujet se trouve réuni dans un seul cadre et peut être embrassé d'une seule vue. Cette disposition, aussi favorable au maître qu'à l'élève, place les exercices en face des principes et des règles, et met à la fois sous la main tout ce qui est nécessaire à l'enseignement et à l'étude.

Si l'étendue des explications que comporte le verbe n'a pas permis de les rassembler en un seul folio, nous sommes parvenu néanmoins à leur donner une distribution claire et systématique, en renfermant chaque leçon dans une seule colonne ou dans une seule page.

Quoique, pour ne pas morceler les sujets, nous ayons exposé de suite tout ce qui concerne chaque espèce de mots, nous pensons que le maître fera bien de diviser le cours en deux parties. Dans la première, il bornera l'enseignement aux leçons coloriées ; dans la seconde, il reprendra les mêmes leçons et les fera suivre, sur chaque sujet, des *remarques* et des *exercices* qui le complètent. Nous lui conseillons aussi de tracer lui-même et de faire tracer par les élèves, soit au crayon sur la planche, soit à la plume sur le papier, les tableaux qui forment les premières leçons de chaque partie du discours. Ce procédé simplifiera singulièrement les explications et épargnera aux élèves beaucoup de travail.

Lorsqu'ils auront bien compris la classification des dix espèces de mots qui peuvent entrer dans le discours, il leur sera facile de reconnaître à quelle espèce appartient chaque mot employé dans le langage, à quelles règles de construction et de concordance il est soumis : cet exercice constitue l'*analyse grammaticale* proprement dite. Celle-là est toute matérielle. Il en est une autre plus délicate, plus intellectuelle, qui consiste à indiquer le rôle que remplit chaque mot, dans l'expression des idées, dans la composition des phrases : on l'appelle *analyse logique*.

Nous avons cru devoir réunir les principes de cette double analyse dans un chapitre spécial qui forme une addition importante à notre premier travail, et qui a de plus l'avantage d'en être la récapitulation méthodique. Distribué sur le même plan, ce chapitre se raccorde naturellement avec les bases de l'ouvrage, dont il rend l'enchaînement et l'application plus sensibles.

Nous avons apporté le plus grand soin à n'admettre pour exemples, dans les *exercices*, que des phrases d'un style correct, et, autant qu'il nous a été possible, que des pensées et des maximes instructives ou morales. Si les maîtres croient devoir en proposer d'autres, ils ne devront pas s'écarter de cette règle.

Enfin nous les avertirons que dans toutes les leçons ils doivent commencer par exercer l'entendement des élèves, et qu'il ne faut confier à leur mémoire que des matières complètement expliquées et parfaitement comprises.

Bien que l'objet de notre travail ait été uniquement de développer les parties grammaticales du discours, nous avons cru devoir y joindre, par forme d'appendice, un précis des règles de la Ponctuation. Ce sujet a des rapports trop intimes avec celui que nous nous étions principalement proposé de traiter, pour être considéré comme un hors-d'œuvre.

C'est surtout dans les écoles où l'enseignement est mutuel ou simultané que notre Méthode doit obtenir les plus heureux succès ; mais des témoignages flatteurs nous permettent d'espérer qu'elle s'adaptera aussi parfaitement à l'enseignement des colléges et à celui de toutes les institutions de demoiselles.

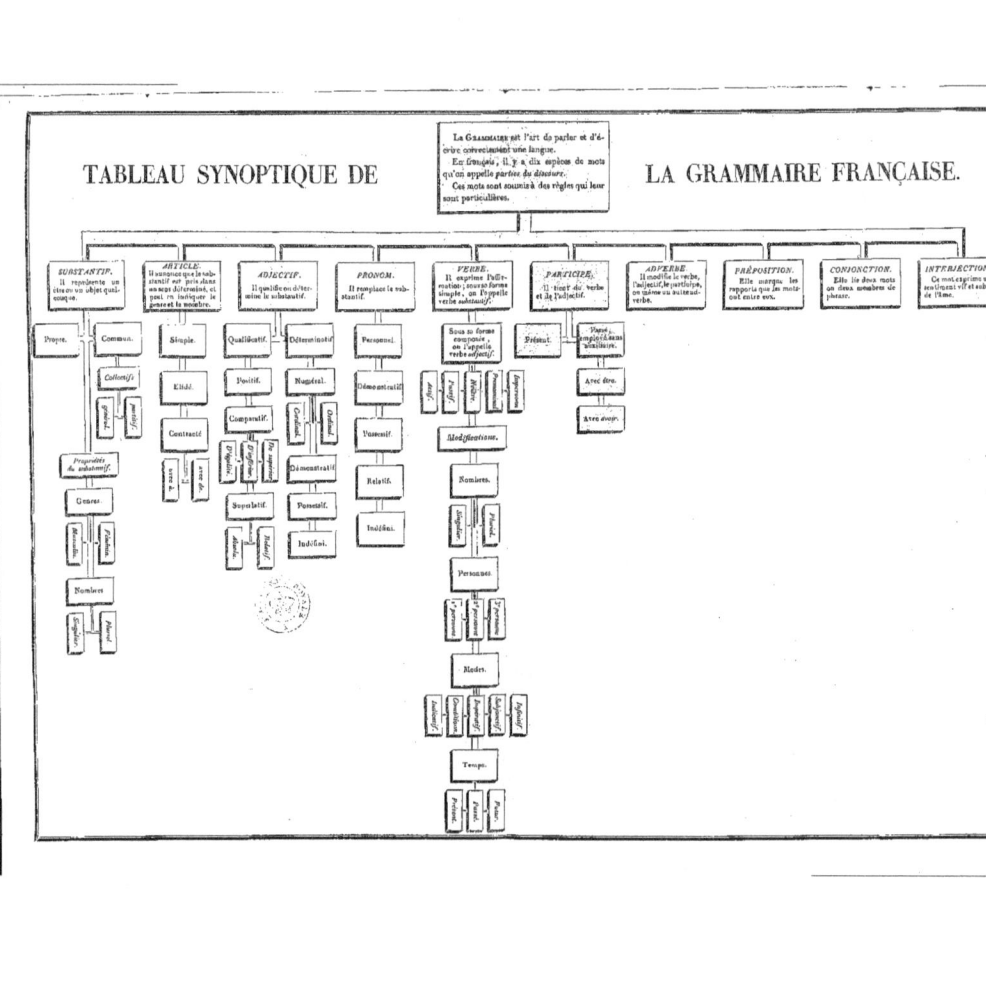

1re ESPÈCE DE MOTS. — SUBSTANTIF.

1re Leçon. — TABLEAU ANALYTIQUE.

SUBSTANTIF.
Le *substantif* est un mot qui représente un être ou un objet quelconque ; il y a deux espèces de substantifs.

Substantif propre.
C'est celui qui ne convient qu'à un seul être ou à un seul objet.

Substantif commun.
C'est celui qui convient à tous les individus du même genre ou de la même espèce.

Substantifs collectifs.
Ils présentent à l'esprit, quoiqu'au singulier, l'idée de plusieurs êtres ou de plusieurs objets. Il y en a deux sortes.

Le collectif général représente une réunion d'êtres ou d'objets formant un tout.

Le collectif partitif représente une réunion d'êtres ou d'objets ne faisant que partie d'un tout.

Propriétés du substantif.

Genre.
Le genre marque la distinction des sexes ; il y en a deux :

Le masculin, pour les noms d'hommes et de mâles.

Le féminin, pour les noms de femmes et de femelles.

Nombre.
Le nombre marque l'unité ou la pluralité ; il y en a deux :

Le singulier, qui désigne une seule personne ou une seule chose.

Le pluriel, qui désigne plusieurs personnes ou plusieurs choses.

IIe Leçon. — DÉFINITIONS.

Le *SUBSTANTIF* est un mot qui sert, sans le secours d'aucun autre mot, à représenter un être ou un objet quelconque : réel, comme *Pierre, Paul, table, feu*, etc., ou réalisé en quelque sorte par l'idée qu'on s'en forme, comme *patience, douceur, courage, justice*, etc.

Il y a deux espèces de substantifs, le substantif *propre*, et le substantif *commun*.

SUBSTANTIF PROPRE. — Le substantif *propre* est celui qui ne convient qu'à un seul être ou à un seul objet, comme *Charles, Philippe, Adeline, Marseille, la Seine*, etc.

SUBSTANTIF COMMUN. — Le substantif *commun* est celui qui convient à tous les individus du même genre ou de la même espèce, comme *homme, cheval, maison, rivière, table*, etc.

Parmi les substantifs communs, on distingue les substantifs *collectifs*.

SUBSTANTIFS COLLECTIFS. — Les substantifs *collectifs* sont ceux qui, quoiqu'au singulier, présentent à l'esprit l'idée de plusieurs êtres ou de plusieurs objets, comme *troupeau, armée, multitude*, etc.

Les substantifs collectifs se divisent en collectifs *généraux*, et en collectifs *partitifs*.

Le collectif *général* est celui qui représente une réunion d'êtres ou d'objets, formant un tout, comme *flotte, peuple, procession*, etc.

Le collectif *partitif* est celui qui représente une réunion d'êtres ou d'objets, ne faisant que partie d'un tout, comme une *foule* de pauvres, *quantité* de chevaux.

PROPRIÉTÉS DU SUBSTANTIF. — Le substantif a deux propriétés, le *genre* et le *nombre*.

GENRE. — Le *Genre* est la propriété qu'ont les substantifs de représenter la distinction des sexes. Il y a, en français, deux genres, le *masculin* et le *féminin* ; le *masculin* appartient aux hommes et aux animaux mâles : un *homme*, un *lion* ; le *féminin* appartient aux femmes et aux animaux femelles : une *femme*, une *lionne*.

Par imitation, ou même sans motif réel, on a donné le genre masculin ou le genre féminin à des choses inanimées ; ainsi *soleil, château*, ont été faits du genre masculin, et *lune, maison*, du genre féminin, quoique ces substantifs n'aient aucun rapport à l'un et à l'autre sexe.

NOMBRE. — Le *Nombre* est la propriété qu'ont les substantifs de représenter l'unité ou la pluralité. Il y a par conséquent deux nombres, le *singulier* et le *pluriel* ; le *singulier* ne désigne qu'un seul être ou un seul objet, comme un *livre*, une *écritoire* ; le *pluriel* en désigne plusieurs, comme des *livres*, des *écritoires*.

Il y a des substantifs qui ne s'emploient qu'au singulier, comme la *faim*, la *soif*, l'*humanité*, la *jeunesse* ; d'autres ne s'emploient qu'au pluriel, comme *pleurs, ancêtres, funérailles, ténèbres*, etc.

Pour former le pluriel dans les substantifs, on ajoute un *s* au singulier : un *homme*, des *hommes* ; une *table*, des *tables*.

Exceptions. — 1° Les substantifs terminés au singulier par *s, x, z*, s'écrivent de même au pluriel : le *fils*, les *fils* ; la *voix*, les *voix* ; le *nez*, les *nez*. — 2° Les substantifs terminés au singulier par *au, eu*, prennent un *x* au pluriel : l'*ormeau*, les *ormeaux* ; le *jeu*, les *jeux*. Quelques noms terminés en *ou* prennent également *x* au pluriel, tels que les *cailloux*, les *choux*, les *genoux*, les *hiboux*, les *joujoux*, les *poux*, etc. ; mais la plus grande partie suivent la règle générale, c'est-à-dire prennent un *s* au pluriel. — 3° La plupart des substantifs terminés au singulier par *al*, font leur pluriel en *aux* : le *mal*, les *maux* ; cependant il y a quelques exceptions, comme *bal, carnaval*, qui prennent un *s* au pluriel. — Quant aux substantifs terminés par *ail*, ils forment leur pluriel régulièrement, excepté *bail, émail, corail, soupirail, travail*, qui font leur pluriel en *aux*. Cependant *travail* forme son pluriel par l'addition d'un *s*, quand il s'agit du rapport d'un ministre au roi, ou lorsqu'on parle d'une machine pour ferrer les chevaux.

IIIe Leçon. — REMARQUES.

I. Le substantif a trois fonctions dans le discours : il est employé en sujet, en régime ou en apostrophe.

1° Il est sujet, quand il est l'objet de l'affirmation marquée par le verbe. Exemple : *Alexandre était un conquérant fameux. Alexandre* est ici sujet, parce que c'est à lui que se rapporte l'affirmation marquée par le verbe. 2° Il est régime lorsqu'il dépend d'un autre mot. Exemple : *L'homme vertueux supporte le mépris avec courage. Mépris* est régime du verbe *supporter*, et *courage* est régime de la préposition *avec*. 3° Il est en apostrophe, quand il l'être ou l'objet auquel on adresse la parole. Exemple : *Hommes pervers, craignez un Dieu vengeur ! Le substantif hommes* est en apostrophe, parce que c'est à lui que l'on adresse la parole.

II. Les substantifs n'ont ordinairement qu'un genre ; néanmoins il y en a qui prennent les deux genres. Exemples : *Amour, délice* et *orgue*, masculins au singulier, sont féminins au pluriel.

Aigle, en terme d'armoiries et de devises, est féminin ; — et lorsqu'il désigne un oiseau, il est masculin.

Couple est du genre féminin, quand il marque seulement le nombre deux ; — et il est du masculin quand il signifie deux personnes unies par le mariage, ou qu'il désigne le mâle et la femelle des animaux.

Enfant est masculin lorsqu'on parle d'un garçon, — et féminin en parlant d'une fille.

Foudre, employé au figuré, est masculin ; — il est féminin lorsqu'il désigne la matière enflammée qui sort de la nue avec éclat ; cependant, dans cette circonstance, il peut encore être des deux genres, s'il est accompagné d'un adjectif.

Gens veut au féminin tous les adjectifs qui le précèdent, et au masculin tous les adjectifs ou pronoms qui le suivent ; cependant il veut l'adjectif *tout* au masculin, quoi que cet adjectif le précède immédiatement, soit qu'il s'en trouve séparé par un adjectif dont la terminaison est commune aux deux genres.

Hymne, qu'on chante à l'église, est féminin ; — dans toute autre acception il est masculin.

III. Certains substantifs ne prennent pas la marque du pluriel : 1° Les substantifs propres quand ils ne servent qu'à désigner les personnes ou les choses par leur nom : *les deux Racine, les Bossuet, les Buffon, les Crébillon*, ont écrit d'une manière admirable ; cependant les substantifs propres prennent la marque du pluriel quand ils désignent des personnes qui ressemblent à celles qui les ont portés ; alors ils sont employés comme substantifs communs : *la Bourgogne eut ses Césars, ses Plines*, c'est-à-dire *des hommes tels que César, tels que Pline* ; 2° les substantifs empruntés des langues étrangères et qui ne sont pas encore francisés, *des alleluia, des quiproquo, des errata, des piano* ; 3° les mots invariables de leur nature et qui ne sont employés qu'accidentellement comme substantifs, *les car, les si, les oui, les non*.

IV. Les mots, servant à former les *substantifs composés*, s'écrivent au singulier ou au pluriel suivant la règle qui leur est particulière, c'est-à-dire que les substantifs et les adjectifs sont susceptibles de prendre la marque du pluriel, et que les verbes et les mots invariables de leur nature restent les mêmes ; ainsi : 1° Deux substantifs, formant un substantif composé, prennent tous deux la marque du pluriel : un *chef-lieu*, des *chefs-lieux*. — 2° Si les deux substantifs sont séparés par une préposition, le premier seul prend la marque du pluriel : un *chef-d'œuvre*, des *chefs-d'œuvre*. — 3° Le substantif et l'adjectif, formant un substantif composé, prennent tous deux la marque du pluriel : une *basse-taille*, des *basses-tailles*. — 4° Quand le substantif est composé d'un substantif et d'un verbe, ou d'un mot invariable, le substantif seul prend la marque du pluriel : un *avant-coureur*, des *avant-coureurs* ; un *passe-port*, des *passe-ports* ; une *contre-danse*, des *contre-danses*. — 5° Quand le substantif n'est composé que de mots invariables, comme verbe, préposition, adverbe, il ne prend en aucune manière la marque du pluriel : des *pour-boire*, des *passe-partout*. — Les règles que nous venons de faire connaître sont également suivies par les substantifs composés, qui paraissent s'en écarter ; car, dans ces substantifs, il y a toujours un ou plusieurs mots sous-entendus qui font rentrer les exceptions dans la règle générale. Exemples : Un *hôtel-Dieu*, des *hôtels-Dieu* (des hôtels de Dieu ; — un *blanc-seing*, des *blanc-seings* (des seings en blanc) ; — un *tête-à-tête*, des *tête-à-tête* (entrevues où l'on est seul à seul) ; — un *serre-tête*, des *serre-tête* (des bonnets qui serrent la tête) ; — un *essuie-mains*, des *essuie-mains* (ce qui essuie les mains).

IV° Leçon. — EXERCICES SUR LE SUBSTANTIF.

¹ *Substantifs propres*, ² *communs*, ³ *collectifs généraux*, ⁴ *collectifs partitifs*. — ⁵ *Substantifs qui ne s'emploient qu'au singulier*, ⁶ *qui ne s'emploient qu'au pluriel*, ⁷ *qui ne prennent pas la marque du pluriel*. — ⁸ *Substantifs des deux genres*. — ⁹ *Substantifs composés formés de deux substantifs*, ¹⁰ *formés de deux substantifs unis par une préposition*, ¹¹ *formés d'un substantif et d'un adjectif*, ¹² *formés d'un substantif et d'un mot invariable*, ¹³ *formés de mots invariables*.

¹ *Corneille* et *Racine* possédaient, au plus haut degré, l'art d'émouvoir par la peinture des grandes passions. — Quelles leçons nous aurions perdues, si *Fénelon* ne s'était pas livré à l'étude de la sagesse ! — Qu'est-ce qu'*Alexandre*, *César*, *Pompée*, en comparaison de *Socrate* ? — Le règne de *Charlemagne* est un des plus glorieux qu'il y ait eu en *France*.

² La *solitude* est à l'*esprit* ce que la *diète* est au *corps*. — Le *climat* influe sur la *disposition* habituelle du *corps*, et par conséquent sur les *caractères* et sur le *langage*. — La bonne *conduite* du *père* et de la *mère* est un puissant *exemple* pour les *enfants*. — L'*homme* réellement vertueux fera du *bien* à chacun, en *pensées*, en *paroles*, et surtout en *actions*.

³ Le bien-être général d'un *peuple* le rend nécessairement meilleur. — Il est rare qu'une grande *assemblée* raisonne avec calme, et ne soit pas agitée par les partis. — L'empressement de montrer de l'esprit est le plus sûr moyen de n'en point avoir, et de paraître ridicule dans la *société*. — La *multitude* d'hommes qui environne les princes, est cause qu'il y en a peu qui fassent une impression profonde sur eux.

⁴ *Beaucoup* de personnes voudraient savoir, mais *peu* désirent apprendre. — Il est difficile de connaître les hommes; la *plupart*, comme les plantes, ont des vertus cachées que le hasard fait découvrir. — Ce que la *plupart* des hommes appellent grandeur, puissance, gloire, n'est réellement que misère et faiblesse. — En faisant tous les jours régulièrement un *peu*, on parvient à faire *beaucoup*.

⁵ Ce proverbe : « Il faut que *jeunesse* se passe ! » amène beaucoup de vieillesses pénibles et anticipées. — Le *sommeil* dompte la plus grande douleur, la *faim*. — La *soif* des plaisirs, de la domination et de l'*or*, peut conduire aux plus grands crimes. — La première des vertus, c'est l'*humanité*.

⁶ Une famille vertueuse trouve la paix et le bonheur au sein de la religion et des bonnes *mœurs*. — Tant qu'on peut se parer de son propre mérite, on n'emploie point celui de ses *ancêtres*.

⁷ Ce sont les *Molière*, les *Boileau*, les *Racine*, etc., qui ont porté chez toutes les nations, la gloire de notre langue. — Il n'y a rien qui étourdisse, qui assomme plus que les *donc* et les *car* dans la conversation.

⁸ Nous faisons nos plus chères *délices* de la sainte Écriture. — Les anciennes *hymnes* de l'Église ont le mérite de la simplicité ; elles ont été inspirées par l'admiration et la reconnaissance. — Le vice ne présente que de trompeuses *délices*. — Mahomet fut un *foudre* de guerre. — La *foudre* tombe partout.

⁹ Il y a en France quatre-vingt-six *chefs-lieux* de préfecture.

L'inconduite et la paresse, plus que l'infortune, peuplent les *hôtels-Dieu*.

¹⁰ Le temps ne ménage pas plus les monuments des arts que les *chefs-d'œuvre* de la nature. — C'est sous le règne de Louis XIV qu'on vit éclore ces *chefs-d'œuvre* d'éloquence, de poésie, d'histoire, qui feront à jamais l'honneur de la France.

Je lui ai fait différentes questions, il m'a répondu par des *coq-à-l'âne*.

¹¹ Ce n'est qu'à Dieu que l'on peut attribuer la *toute-puissance*. — L'*amour-propre* blessé ne pardonne jamais. — Quelles gens que les avares qui passent leur vie à compter les écus entassés dans leurs *coffres-forts* !

Les *terre-pleins* sont des terres rapportées entre deux murs; ils sont employés pour fortifier les villes de guerre.

¹² Une armée est mal gardée, lorsque les *avant-postes* ne sont pas confiés à des braves. — D'infâmes *coupe-jarrets* peuvent assassiner lâchement des hommes précieux et chers à tout un peuple. — Les *arrière-pensées* n'entrent point dans un esprit franc et sincère.

¹³ Les *passe-partout* sont des espèces de clefs dont on fait souvent usage. — Dans la solitude, l'âme retrouve toute sa sensibilité ; le désir, la crainte et l'espérance y sont sur le *qui-vive*.

Bossuet, Boileau, La Fontaine, se sont distingués dans la république des lettres. — Turenne, Condé, Catinat, Villars, ont acquis, par leurs exploits, une gloire immortelle. — Les arts florissaient à Athènes sous Périclès, à Rome sous Auguste. — La sagesse de Socrate et la valeur d'Achille sont célèbres dans l'antiquité.

La beauté sans la pudeur est une fleur détachée de sa tige. — L'hypocrisie est une sorte d'hommage que le vice rend à la vertu. — Le sommeil et l'espérance sont les deux calmants que la nature accorde aux malheureux. — La nature nous a fait un besoin du travail, l'habitude nous en fait un plaisir.

La chute d'un homme que l'on avait proclamé grand, humilie l'humanité. — Ce n'est que par l'exercice des vertus domestiques qu'un peuple se prépare à la pratique des vertus publiques. — Celui qui ne cherche la société que parce qu'elle se déplaît à lui-même, ne peut y figurer longtemps avec avantage. — Dans la Terre-Sainte, on vit saint Louis suppléer, par sa valeur, à l'inégalité du nombre, et soutenir lui seul tout le poids de l'armée ennemie.

Tant d'hommes ne seraient pas si insolents, si tant d'autres n'étaient si timides ou si sots. — Une multitude d'animaux placés dans ces belles retraites, par la main du Créateur, y répandent l'enchantement et la vie. — La plupart des désordres de l'économie animale, viennent du dérèglement des passions. — Combien il est d'hommes qui s'arrêtent dans leur carrière, comme si le temps les attendait!

L'antiquité était réellement la jeunesse du monde. — L'argent ne peut donner le bonheur; il faut le demander au travail et à la vertu. — Sous un bon gouvernement on ne voit personne mourir de faim. — Le mobile du monde, c'est la soif des finances.

Il est facile de démontrer que, sans la morale, tout est ténèbres, aveuglement. — Nul ne peut être nommé heureux avant ses funérailles. — Les pleurs ne remédient à rien.

La ressemblance des sentiments rapproche souvent des hommes d'une condition différente : les Auguste, les Scipion et les Condé, vivaient familièrement avec des hommes de génie. — A toute perfection il y a des si et des mais.

Les meilleurs fruits sont ceux qui ont été becquetés par les oiseaux, et les plus honnêtes gens sont ceux que déchire la calomnie. — Les gens de bien et les gens de mérite sont les seuls qui vivent ; le reste des hommes ne fait que végéter. — Dans les grandes chaleurs, on respire le frais avec délice.

La France est divisée en départements, qui contiennent chacun plusieurs chefs-lieux d'arrondissements et de cantons.

Les bec-figues sont de petits oiseaux qui se nourrissent ordinairement de figues.

Les belles-de-nuit et les belles-de-jour font l'ornement des parterres. — Il est impossible à l'homme de dire ce qu'il sentira, ce qu'il pensera, ce qu'il sera dans un quart-d'heure.

Les tête-à-tête rendent la conversation difficile à soutenir.

Les histoires des feux-follets n'ont de fondement que dans l'imagination des ignorants et des peureux. — L'amour-propre bien dirigé peut enfanter les plus grandes actions. — La plus sotte des espèces est celle des petits-maîtres.

Des blanc-seings sont une arme perfide dans les mains d'un fripon.

L'irréligion et le mépris des lois sont les avant-coureurs de la ruine d'un état. — L'estime des gens de bien est un avant-goût de l'immortalité. — Le réveille-matin est une plante très-commune. — La calomnie vole à tire-d'ailes.

Le brave a toujours réponse aux qui-va-là. — Les jugements portés d'après des ouï-dire sont toujours hasardés et souvent faux.

IIᵉ ESPÈCE DE MOTS. — ARTICLE.

Iʳᵉ Leçon. — TABLEAU ANALYTIQUE.

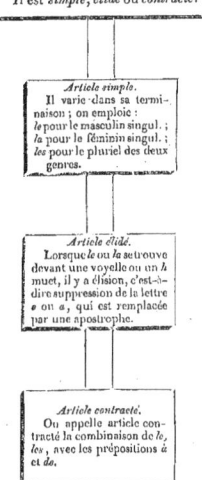

IIᵉ Leçon. — DÉFINITIONS.

L'ARTICLE est un mot qui se place devant les substantifs, pour annoncer qu'ils sont pris dans un sens déterminé ; il sert aussi à en faire connaître le genre et le nombre ; il n'y a en français qu'un article, qui est *le, la, les*.

Il est *simple*, *élidé* ou *contracté*.

ARTICLE SIMPLE. — L'article *simple* varie dans sa terminaison : *le* se met devant un substantif masculin singulier, *le chêne*; *la* se met devant un substantif féminin singulier, *la forêt*; *les* se met devant tous les substantifs pluriels, soit masculins, soit féminins, *les chênes, les forêts*. Ainsi l'article sert à faire connaître le genre et le nombre des substantifs; mais quand il y a élision, ou que le substantif est au pluriel, c'est l'usage qui nous fait connaître le genre, comme *l'autel, les arbres*.

ARTICLE ÉLIDÉ. — Lorsque *le* ou *la* se trouve devant une voyelle ou un *h* muet, il y a élision, c'est-à-dire suppression de la lettre *e* ou *a*, qui est remplacée par une apostrophe : c'est par élision qu'on dit *l'oiseau, l'insouciance, l'homme, l'histoire*, pour *le oiseau, la insouciance, le homme, la histoire*.

Quand l'apostrophe tient la place de la lettre *e* ou *a*, l'article est appelé élidé.

ARTICLE CONTRACTÉ. — On appelle article contracté la combinaison de *le, les*, avec les prépositions *à* et *de*. La contraction a lieu, au singulier, toutes les fois que *le* est précédé d'une de ces prépositions, et qu'il est suivi d'un mot qui commence par une consonne. Ainsi on dira : *au roi, du roi*, pour *de le roi ; du roi*, pour *de le roi*. Elle a lieu au pluriel toutes les fois que *les* est aussi précédé d'une des prépositions *de* ou *à*. Exemples : *Ayez souvent recours aux conseils du sage*, pour *à les conseils ; souvent les passions des hommes gouvernent les empires*, pour *de les hommes*.

Ainsi la contraction ne se fait jamais au singulier, quand le mot qui suit commence par une voyelle ou un *h* muet, mais elle a toujours lieu au pluriel.

IIIᵉ Leçon. — REMARQUES.

I. L'article servant à annoncer que le substantif est pris dans un sens déterminé, doit par conséquent être toujours placé avant lui : *le bœuf, la vache, les moutons, sont des animaux domestiques*. Si le substantif est précédé d'un adjectif, même modifié par un adverbe, l'article doit encore être placé le premier : *la bonne renommée, le plus grand courage, sont nécessaires à un général*.

II. Lorsque plusieurs substantifs forment un même sujet ou un même régime, on doit répéter l'article avant chacun de ces substantifs, ou ne l'employer pour aucun. Exemples : *La fraude, la violence, le parjure, les procès, les guerres, se font jamais entendre leur voix cruelle et empestée dans le pays chéri des Dieux. Plaintes, larmes, soupirs, rien ne peut l'émouvoir*.

III. Quand un substantif est précédé de plusieurs adjectifs unis par la conjonction *et*, et que ces adjectifs ne le qualifient pas tous, on met l'article avant chaque adjectif. Exemples : *Obligez le bon et le méchant homme. J'ai parcouru la grande et la petite forêt*. Ici il y a deux substantifs à déterminer ; ces phrases sont elliptiques ; c'est comme s'il y avait : *Obligez l'homme bon et l'homme méchant. J'ai parcouru la grande forêt et la petite forêt*. Ce serait donc une faute de dire : *Obligez le bon et méchant homme. J'ai parcouru la grande et petite forêt*; parce qu'un homme ne peut être à la fois bon et méchant, ni une forêt grande et petite à la fois. Dans ces phrases, il y a deux substantifs à déterminer, le premier est sous-entendu ; par conséquent il faut deux déterminatifs. Mais quand les adjectifs qualifient un même substantif, il ne faut pas répéter l'article, parce qu'on ne doit pas employer deux déterminatifs pour un seul substantif : *Obligez le bon et brave homme. J'ai parcouru la grande et belle forêt*.

IV. On supprime l'article avant les substantifs :

1° Quand ils sont employés en apostrophe : *O France, ô pays chéri !*
2° Quand ils sont régimes de la préposition *en*, comme *aller en classe ; vivre en esclavage ; voyager en Chine*.
3° Quand ils s'unissent aux verbes *avoir, faire*, etc., pour n'exprimer avec ces verbes qu'une seule idée : *Avoir besoin ; faire pitié ; porter bonheur*.
4° Avant les substantifs pris dans un sens partitif employés comme régime dans les phrases négatives : *Il n'a pas d'esprit ; il n'a pas de jugement*. Cependant on emploierait l'article si le substantif était suivi d'un adjectif ou d'une phrase incidente qui le modifiât, parce qu'alors il serait pris dans un sens déterminé : *N'affectez point ici les soins ne donnez jamais des conseils qu'il soit dangereux de suivre*.
5° Après les adverbes de quantité : *Cet homme a beaucoup d'affaires ; cette nouvelle me cause peu de joie*. Excepté *bien*, qui conserve l'article : *C'est un homme qui a essuyé bien des malheurs*.
6° Quand ils sont liés par la préposition *à* ou *de* à un mot qui précède, comme *habit de drap ; jardin d'agrément ; montré à répétition ; compas à branches*.

V. Quoique l'article ne s'emploie ordinairement que devant les noms communs, on l'emploie cependant devant les noms propres de royaumes, de contrées, de pays, de rivières : *la Hollande, le Rhin*, etc.

VI. On emploie *le, la, les*, devant *plus, moins, mieux*, lorsque ces mots expriment la qualité portée au plus haut degré, avec comparaison : *De toutes les fleurs, la rose est la plus belle* ; c'est comme s'il y avait : *De toutes les fleurs, la rose est la fleur la plus belle*.

Mais lorsque *plus, mieux, moins*, n'expriment point de comparaison, mais seulement la qualité portée au plus haut degré, le mot *le*, qui les précède, forme avec ces mots une locution adverbiale, et par cette raison est invariable : *Ces enfants sont obéissants, c'est en quoi ils sont le plus louables : le plus*, ici, modifie l'adjectif *louables*, et n'établit point de comparaison.

Le, est encore invariable devant *plus, moins, mieux*, lorsque ces mots ne sont suivis ni d'un adjectif, ni d'un participe ; on dira donc, en parlant d'une femme : *C'est celle qui me plaît le plus, le mieux, ou le moins. De toutes les fleurs, voici celles que j'aime le mieux cultiver*.

VII. Les mots *du, des, de la*, s'emploient devant les substantifs communs pris dans un sens partitif, et signifient *quelque* : *On a employé du fer et du bois dans cette construction*, c'est-à-dire *quelque fer et quelque bois* ; *il a des talents et de la vertu*, c'est-à-dire *quelques talents et quelque vertu*.

Mais si le substantif, pris dans un sens partitif, est précédé d'un adjectif, on emploie simplement *de* au lieu de *du, des, de la* : *On a employé dans cette construction de bon fer et de bon bois* ; *il a de grands talents, de grandes vertus*. A moins que cet adjectif et ce substantif ne soient unis par le sens, pour exprimer une seule idée, comme *des jeunes gens, des petites maisons, des petits-maîtres*.

VIII. Les adjectifs *ce, cet, mon, ton, son, un, une, aucun, nul, chaque, quelque, certain, plusieurs*, etc., qui sont les équivalents de l'article et qui en tiennent lieu, suivent la même règle, c'est-à-dire que ces pronoms doivent se répéter avant chaque substantif ; ainsi on ne dira pas : *Mes père et mère se promènent ; j'ai vu ses frères et sœurs*. Il faut dire : *Mon père et ma mère se promènent ; j'ai vu ses frères et ses sœurs*.

La différence qui existe entre ces adjectifs et l'article, c'est qu'ils déterminent le substantif, tandis que l'article indique seulement qu'il est pris dans un sens déterminé.

IVᵉ Leçon. — EXERCICES SUR L'ARTICLE.

Article simple; ¹ le, ² la, ³ les. — *Article élidé*, ⁴ l' *pour le*, ⁵ l' *pour la*. — *Article contracté*, ⁶ au *pour à le*, ⁷ aux *pour à les*, ⁸ du *pour de le*, ⁹ des *pour de les*; ¹⁰ le, la, les, *devant* plus, mieux, moins. — *Article partitif*, ¹¹ du, de la, des.

---

¹ Le vrai moyen d'adoucir ses peines, c'est de soulager celles d'autrui. — Le plaisir le plus agréable, c'est celui qui est partagé avec des amis. — Le conquérant est craint, le sage est estimé, le bienfaiteur des nations vit éternellement dans leur mémoire. — L'esprit, le talent, le génie, procurent la célébrité; la vertu seule donne le bonheur.

² Lorsqu'à la fortune on joint la générosité, on peut compter d'avoir beaucoup d'amis. — Il n'est rien qu'un homme de bien haïsse comme la flatterie. — La sagesse est la seule chose dont la possession soit certaine. — La première et la meilleure éducation, c'est la religion. — Le sage conserve la même tranquillité dans la bonne et dans la mauvaise fortune.

³ Vous avez consolé les malheureux, soulagé les indigents; aussi vous ont-ils béni. — Ce qui lie les hommes les uns aux autres, c'est un accord parfait dans leur manière de voir. — Dieu exige que nous employions au soulagement de nos semblables les richesses qu'il nous a départies. — La bienveillance gagne tous les cœurs.

⁴ C'est lorsque nous sommes éloignés de notre patrie, que nous sentons tout l'instinct qui nous y attache. — L'envieux voudrait que tout ce qui est bon appartînt à lui seul. — C'est par ses mœurs que l'homme est libre du joug des passions. — Sans l'espoir en Dieu, l'homme est trop faible pour supporter le poids de ses adversités.

⁵ Le bonheur dont tous les honnêtes gens sont le plus jaloux, c'est l'estime et l'amitié des autres hommes. — Un homme qui a vécu dans l'intrigue ne peut plus s'en passer: toute autre vie pour lui est languissante. — L'amitié obtient, l'importunité arrache, mais l'exigence ferme la main du bienfaiteur. — L'ironie tue l'amitié.

⁶ On doit placer l'amour de la patrie au rang de ces vertus sublimes d'où découlent tous les biens de la société. — C'est au fond du cœur des méchants qu'est dressé leur échafaud. — C'est au mérite seul que devraient être réservés les récompenses et les honneurs. — Se montrer modéré au faîte de la prospérité, c'est le comble de la sagesse.

⁷ Les seuls ouvrages que nous lisions avec plaisir sont ceux où l'on a soumis ses pensées aux règles de la raison. — Celui qui ouvre sa bourse aux malheureux y renferme d'agréables souvenirs. — Le maître des cieux dicte ses lois aux grands de la terre. — Une sévère et rigide vertu sait résister aux voluptés. — Quand on conseille la vertu aux autres, on s'impose plus étroitement l'obligation de la pratiquer.

⁸ La religion cicatrise les plaies du cœur. — Le fleuve du temps entraîne dans son cours tout ce qui est périssable. — Nommer un roi père du peuple, c'est moins faire son éloge que l'appeler par son nom. — La morale est la base du bonheur.

⁹ On allége sa douleur en soulageant celle des autres. — Les maximes des hommes décèlent leurs sentiments. — Le destin des grands hommes, dans tous les genres, est d'être jugés par la médiocrité, qui, pour se venger de son impuissance, dégrade les actions vertueuses par la bassesse des motifs qu'elle leur suppose.

¹⁰ Quoique la lune soit la plus éclatante des planètes, elle jette bien moins de clarté que le soleil, lors même qu'elle est le plus brillante. — Aux yeux de l'envie, la réputation la mieux établie n'est qu'une erreur publique. — Les choses dont nous nous soucions le moins, sont souvent celles qui contribuent le plus à notre bonheur.

¹¹ Un homme vain trouve toujours son compte à dire du bien ou du mal de lui. — La modestie est au mérite ce que les ombres sont au tableau: elles lui donnent de la force et du relief. — Notre intérêt exige que nous ne nous confions qu'à des hommes d'une vertu éprouvée. — Les sciences ont des racines amères, mais les fruits en sont doux.

Dieu ordonne de faire le bien et de fuir le mal. — Le remords est le supplice d'une mauvaise conscience. — Le bonheur ou le mérite ont pu faire des héros; mais la vertu seule fait les grands hommes. — Le brave ne se connaît qu'à la guerre, le sage dans la colère, et l'ami dans le besoin.

Ne violentez pas votre destinée; faites tout ce que la prudence et vos facultés vous permettent, puis abandonnez-vous en toute confiance à la Providence. — La richesse, unie au luxe, engendre la mollesse. — La raison, d'accord avec la religion, nous enseigne une autre vie. — La réputation la plus brillante doit souvent plus à la prévention qu'au mérite.

Les diamants ont leur prix, mais les bons conseils sont inappréciables. — Les pensées les plus sublimes ne sont rien, si elles sont mal exprimées. — Les égards que les hommes se doivent les uns aux autres, sont un des devoirs les plus indispensables de la société. — Les grandes et fortes pensées viennent du cœur.

Dieu a créé l'homme avec deux amours: l'un pour son auteur, l'autre pour lui-même. — Le meilleur remède contre l'ennui, ce sont des occupations qui se succèdent sans interruption. — L'homme, par ses désirs, empiète sur l'avenir, comme pour prolonger son existence. — L'égoïsme comprime les mouvements généreux du cœur.

Si vous aimez l'indépendance, ne vous endettez pas. — La docilité facilite l'éducation. — La mort est aussi naturelle que la vie: l'une et l'autre sont l'œuvre de la Providence. — Combien de fois l'ignorance ne s'est-elle pas applaudie de ses propres erreurs! — Nous aimons mieux rester dans l'ignorance que de l'avouer.

Quel est l'homme qui est sûr de vivre jusqu'au soir? — Ce n'est qu'au sein de sa famille ou de l'amitié, qu'on trouve un asile contre les coups de la fortune. — Souvent on attribue au mérite un effet du hasard. — De la philosophie à l'impiété, il y a aussi loin que de la religion au fanatisme.

L'affectation est aussi insupportable aux autres qu'elle est pénible à celui en qui on la remarque. — Quand nous sommes riches nous ne songeons point aux besoins d'autrui. — L'homme sensé ne répond jamais aux injures. — Le cœur humain n'est pas moins caché à lui-même, qu'il n'est impénétrable aux autres. — Heureux celui qui sait mêler ses plaisirs aux affaires sans que celles-ci en souffrent!

Le soleil est le flambeau du monde; Dieu l'a fait pour embellir et animer la nature. — La douleur du corps est le seul mal de la vie que la raison ne peut guérir. — Les hommes recueillent dans la vieillesse le fruit du travail de la jeunesse.

Ne faites rien qui ne soit digne des maximes de vertu qu'on a tâché de vous inspirer. — C'est de la naissance de Jésus-Christ que nous commençons la série des siècles et des années de l'histoire moderne. — Le premier hommage que reçoit l'homme d'un mérite supérieur, c'est la haine des sots.

L'équivoque la mieux concertée est aussi criminelle, aux yeux de la Divinité, que le mensonge le plus grossier. — Les peuples les moins civilisés sont ceux chez lesquels il se commet le plus de crimes. — Les impressions qui font sentir le plus le prix de la vie, sont celles qui nous rappellent le plus facilement qu'elle doit finir.

On ne trouve guère d'ingrats, tant qu'on est en état de faire du bien. — C'est un beau caractère que d'avoir à la fois de la fermeté et de la douceur. — Les grands seraient inutiles sur la terre, s'il ne s'y trouvait des pauvres et des malheureux. — L'esprit marche dans des sentiers battus, le génie s'ouvre de nouvelles routes.

IIIe ESPÈCE DE MOTS. — ADJECTIF.

Ire Leçon. — TABLEAU ANALYTIQUE.

ADJECTIF.

L'*adjectif* est un mot qui qualifie ou détermine le substantif; il y en a deux espèces.

Adjectif qualificatif.

Il qualifie le substantif, et a trois degrés de qualification.

Le *positif* exprime simplement la qualité.

Le *comparatif* exprime la qualité avec comparaison; il y en a trois:

Le comparatif d'égalité, qui se forme avec *aussi*.

Le comparatif d'infériorité, qui se forme avec *moins*.

Le comparatif de supériorité, qui se forme avec *plus*.

Le *superlatif* exprime la qualité à un très-haut ou au plus haut degré; il y a deux superlatifs:

Le superlatif absolu, qui se forme avec *très*, *fort*, etc.

Le superlatif relatif, qui se forme avec *le plus*, *le moins*, etc.

Adjectif déterminatif.

Il détermine le substantif en y ajoutant une idée de nombre, de démonstration, etc. Il y en a quatre espèces.

L'adjectif *numéral* détermine le substantif en y ajoutant une idée de nombre ou d'ordre; il y en a deux:

L'adjectif *numéral cardinal*, qui marque le nombre.

L'adjectif *numéral ordinal*, qui marque l'ordre.

L'adjectif *démonstratif* détermine le substantif en y ajoutant une idée de démonstration.

L'adjectif *possessif* détermine le substantif en y ajoutant une idée de possession.

L'adjectif *indéfini* détermine le substantif en y ajoutant une idée vague et indéterminée.

IIe Leçon. — DEFINITIONS.

L'*ADJECTIF* est un mot que l'on ajoute au substantif, pour le qualifier ou pour le déterminer.

On connaît qu'un mot est adjectif, quand il sert à désigner les qualités ou les différentes manières d'être sous lesquelles on peut considérer les objets (personnes ou choses). Ex. : *l'homme* bon, *le tigre* cruel, deux *personnes*, ces *fleurs*, etc.

L'adjectif doit être du même genre et du même nombre que le nom auquel il se rapporte.

Formation du féminin dans les adjectifs.

Règles générales. — 1° Les adjectifs terminés au masculin par un *e* muet ne changent pas de terminaison au féminin : comme *agréable*, *habile*, *admirable*. Excepté : *ivrogne*, *ivrognesse*; *traître*, *traîtresse*, etc. — 2° Quand un adjectif ne finit point par un *e* muet, on y en ajoute un pour former le féminin : *hardi*, *hardie*; *prudent*, *prudente*; *instruit*, *instruite*; *villageois*, *villageoise*. Excepté : *blanc*, *blanche*; *devin*, *devineresse*; *grec*, *grecque*; etc. — 3° Les adjectifs terminés en *on*, *el*, *et*, *eil* et *ien*, forment leur féminin en doublant leur dernière consonne et en y ajoutant un *e* muet : *bon*, *bonne*; *cruel*, *cruelle*; *muet*, *muette*; *vermeil*, *vermeille*; *payen*, *payenne*. Excepté : *larron*, *larronnesse*; *complet*, *complète*; *inquiet*, *inquiète*, etc. — 4° Les adjectifs terminés au masculin par un *f* changent *f* en *ve* : *neuf*, *neuve*; *actif*, *active*. — 5° Les adjectifs terminés au masculin par *x* changent *x* en *se* : *nerveux*, *nerveuse*; *périlleux*, *périlleuse*. Excepté : *doux*, *douce*; *faux*, *fausse*, etc. — 6° Les adjectifs terminés en *eau* font leur féminin en *elle* : *beau*, *belle*; *nouveau*, *nouvelle*. — 7° Les adjectifs en *eur* et *teur*, formés d'un participe présent en changeant *ant* en *eur*, font leur féminin en *euse* : *trompeur*, *trompeuse*; *chanteur*, *chanteuse*. Excepté : *pécheur*, *pécheresse*, etc. — Les adjectifs en *teur*, non formés d'un participe présent, font leur féminin en *trice* : *accusateur*, *accusatrice*, excepté *serviteur*, qui fait *servante*. — Les adjectifs en *eur* ou *teur*, qui expriment un état principalement exercé par les hommes, ne changent pas au féminin, tels sont *auteur*, *professeur*, *littérateur*, *compositeur*.

Formation du pluriel dans les adjectifs.

Règle. Le pluriel, dans les adjectifs, se forme comme dans les substantifs en ajoutant un *s* : *grand*, *grande*; *grands*, *grandes*.

Exceptions. — 1° Les adjectifs qui se terminent par *s* ou par *x* ne changent pas au pluriel masculin : *gros*, *épais*, *heureux*, *doux*, etc. — 2° Les adjectifs en *au* prennent un *x* au pluriel : *beau*, *beaux*; *nouveau*, *nouveaux*. — 3° La plus grande partie des adjectifs en *al* forment leur pluriel masculin en *aux* : *égal*, *égaux*; *brutal*, *brutaux*; *moral*, *moraux*; et les autres prennent un *s* au pluriel : *naval*, *navals*; *fatal*, *fatals*.

Plusieurs adjectifs en *al* n'ont pas de pluriel masculin, comme *mental*, *vocal*, *virginal*, *patronal*, etc.

Il y a deux espèces d'adjectifs, l'adjectif *qualificatif* et l'adjectif *déterminatif*.

ADJECTIF QUALIFICATIF. — Il se joint au substantif pour le qualifier, comme *généreux*, *sage*, *petit*, *méchant*.

Cet adjectif peut qualifier le substantif de trois manières différentes, simplement, avec comparaison, ou en le portant au plus haut degré de supériorité ou d'infériorité; il résulte de là qu'il y a trois degrés de qualification : le *positif*, le *comparatif* et le *superlatif*.

ADJECTIF AU POSITIF. Le positif n'est autre chose que l'adjectif même, exprimant simplement la qualité du substantif : *bon père*, *belle maison*, *grand arbre*.

ADJECTIF AU COMPARATIF. — Le comparatif est l'adjectif, exprimant une comparaison entre deux ou plusieurs substantifs. Il y a trois comparatifs : 1° le comparatif d'*égalité*, qui se forme en mettant *aussi* avant l'adjectif : *le chêne est* aussi *grand que le hêtre*; 2° le comparatif d'*infériorité*, qui se forme en mettant *moins* avant l'adjectif : *le roseau est* moins *grand que le chêne*; 3° le comparatif de *supériorité*, qui se forme en mettant *plus* avant l'adjectif : *le chêne est* plus *grand que le roseau*.

ADJECTIF AU SUPERLATIF. — Le superlatif exprime la qualité portée à un très-haut degré ou dans le plus haut degré, en plus ou en moins. Il y a deux superlatifs : 1° le superlatif *absolu*, qui marque la qualité portée à un très-haut degré, sans comparaison; on le forme en mettant, avant l'adjectif, un des mots *bien*, *infiniment*, *extrêmement*, *fort*, *très*, comme *Marseille est une ville* très-*ancienne*. *Louise est* bien *aimable*, etc.; 2° le superlatif *relatif*, qui marque la qualité au plus haut degré avec comparaison; on le forme en mettant avant le comparatif de supériorité ou d'infériorité un des mots *le*, *la*, *les*, *mon*, *ton*, *son*, *notre*, *votre*, *leur*. Exemples : *ce soldat est* le plus *courageux de l'armée*; *c'est* mon plus *fidèle ami*; *c'est l'homme* le moins *capable d'agir dans cette circonstance*; *c'est l'aîné qui est* leur moins *bel enfant*.

ADJECTIF DÉTERMINATIF. — Il se joint au substantif, pour en déterminer la signification, en y ajoutant une idée de nombre, de démonstration, de possession, ou une idée indéfinie, comme *mon chapeau*, *cette écritoire*; *mon* ajoute à chapeau une idée de possession; *cette* ajoute à écritoire une idée d'indication. — Il y a quatre espèces d'adjectifs déterminatifs : l'adjectif *numéral*, l'adjectif *démonstratif*, l'adjectif *possessif*, et l'adjectif *indéfini*.

ADJECTIF NUMÉRAL. — Il détermine la signification du substantif, et de plus y ajoute une idée de nombre ou d'ordre. Il y a deux adjectifs numéraux : 1° l'adjectif numéral *cardinal*, qui désigne le nombre, comme *vingt*, *trente*, *quarante*; 2° l'adjectif numéral *ordinal*, qui désigne l'ordre, le rang, comme *cinquième*, *dixième*, *vingtième*, etc.

ADJECTIF DÉMONSTRATIF. — Il détermine la signification du substantif, et y ajoute une idée de démonstration, comme *ce*, *cet*, *cette*, *ces*.

ADJECTIF POSSESSIF. — Il détermine la signification du substantif, et y ajoute une idée de possession, comme *mon*, *ma*, *mes*, *ton*, *ta*, *tes*, *son*, *sa*, *ses*, etc. *Mon*, *ton*, *son*, quoique du masculin, s'emploient devant un substantif féminin qui commence par une voyelle ou un *h* muet : *mon âme*, *ton humeur*, etc.

ADJECTIF INDÉFINI. — Cet adjectif détermine la signification du substantif, en y ajoutant une idée vague et indéterminée, comme *chaque*, *nul*, *aucun*, *même*, *tout*, *quelque*, *plusieurs*, etc.

IIIe Leçon. — REMARQUES.

I. L'adjectif qualificatif ou déterminatif doit s'accorder en genre et en nombre avec le substantif qu'il qualifie ou qu'il détermine. Exemples : *un fruit* délicieux, *une poire* délicieuse; *un fleuve* profond, *des rivières* profondes; *ces fruits*, cette *poire*. Il faut cependant observer que : 1° Les mots *excepté*, *supposé*, *entendu*, *oui*, *passé*, *vu*, *compris*, placés après le substantif, sont des adjectifs qualificatifs qui varient; mais placés avant, ils sont considérés comme des prépositions, et par conséquent restent invariables; 2° les adjectifs *demi*, *nu*, suivent la même règle; mais ils se joignent au substantif par un trait d'union, s'ils sont placés avant; 3° l'adjectif *feu* est invariable quand il est placé avant l'article ou l'adjectif possessif : feu *la reine*, feu *sa mère*; mais il prend l'*e* quand il est placé après : *la* feue *reine*, *sa* feue *mère*; 4° les adjectifs employés comme adverbes sont toujours invariables. Exemples : *on lui a coupé les cheveux* bien court; *cette robe a coûté* cher; 5° deux adjectifs, dont le premier est qualifié par le second, sont invariables : *des étoffes vert tendre*. Il en est ainsi, parce que le premier adjectif est employé substantivement; c'est comme s'il y avait *d'un vert tendre*.

II. L'adjectif s'accorde en genre et en nombre, quand il qualifie ou détermine deux ou plusieurs substantifs qui ont le même genre : *le lion et le tigre sont cruels*; mais si les substantifs sont d'un genre différent, l'adjectif se met au masculin pluriel : *la rose et l'œillet sont odoriférants*; dans cette circonstance il est d'usage de mettre le substantif masculin le dernier.

III. L'adjectif placé après deux ou plusieurs substantifs s'accorde avec le dernier : 1° lorsque ces substantifs sont synonymes : *il trouva les fleuves et les rivières glacées*; 2° lorsqu'ils sont séparés par la conjonction *ou* : *il a montré un courage ou une adresse* étonnante.

IV. Lorsque l'adjectif suit deux substantifs, liés par la préposition *de*, ou par *du*, *de la*, *des*, il s'accorde avec le premier : *après six mois de temps* écoulés.

V. L'adjectif doit s'accorder avec le substantif collectif général et non avec le substantif qui suit ce collectif : *l'armée des Français* courageuse *et* disciplinée. Au contraire, l'adjectif ne s'accorde pas avec le substantif collectif partitif, mais avec le substantif pluriel qui suit ce collectif : *la plupart des enfants sont* légers.

VI. L'adjectif est soumis au substantif, mais le substantif ne l'est pas à l'adjectif; ainsi on ne dira pas : *l'Ancien et le Nouveau* Testaments, mais *l'Ancien et le Nouveau* Testament. Des deux adjectifs renfermés dans cette phrase, l'un qualifie un substantif sous-entendu, l'autre un substantif exprimé.

VII. Il ne faut pas employer, pour les personnes, les adjectifs qui ne conviennent qu'aux choses, ni pour les choses ceux qui ne conviennent qu'aux personnes; ainsi on ne dira donc pas : *un homme pardonnable*, mais *une faute pardonnable*; *un malheur inconsolable*, mais *une personne inconsolable dans son malheur*.

VIII. Il serait difficile d'établir des règles pour fixer la place des adjectifs dans une phrase : c'est l'usage qui sert de règle; cependant la position de l'adjectif avant ou après le substantif en change quelquefois la signification : *un* grand *homme est un homme d'un grand mérite*; *un homme* grand *est un homme d'une grande taille*. *Un* honnête *homme est un homme d'honneur*, *de probité*; *un homme* honnête *est un homme civil et poli*. *Un* pauvre *auteur est un auteur qui n'a point de mérite*; *un auteur* pauvre *est un auteur qui n'a point de fortune*, etc.

IX. Tous les adjectifs numéraux cardinaux sont invariables, excepté *vingt* et *cent* qui prennent *s* quand ils sont multipliés par un autre nombre, à moins qu'ils ne soient suivis d'un autre adjectif numéral : *quatre*-vingts *hommes*; *deux* cents *soldats*. Lorsque *vingt*, *cent*, sont employés pour *vingtième*, *centième*, ils sont invariables. — *Mille*, s'écrit de trois manières : *mil*, pour la date des années; *mille*, pour exprimer le nombre *dix fois cent*; et *mille*, avec un *s*, au pluriel, quand il représente une étendue de chemin; dans ce cas, il est substantif.

X. L'adjectif possessif est remplacé par l'article, quand la possession est exprimée clairement : *j'ai mal à la tête*; *Jean s'est démis le pied*; on voit qu'il est question de ma tête et du pied de Jean; les adjectifs *ma* et *son*, n'ajouteraient donc rien au sens et seraient même ridicules. Mais si le pronom personnel n'indique pas clairement qu'il est question de la *tête* ou du *pied* de tel ou tel individu, on joint l'adjectif possessif au substantif. Ainsi l'on doit dire : *je m'aperçois que* ma *tête enfle*, *il s'appuie sur* son *pied*.

XI. Les adjectifs possessifs *son*, *sa*, *ses*, *leur*, *leurs*, ne peuvent être employés dans une *proposition*, pour un nom de chose inanimée, que quand le nom de cette chose se trouve exprimé dans la même *proposition*, comme sujet. Ainsi on dira bien : *le printemps a* ses *beautés*, parce que l'adjectif *ses* se rapporte à un nom de chose sujet de la même proposition; mais on ne peut pas dire : *le printemps est une saison charmante*; *j'admire ses beautés*, parce que l'adjectif *ses* se rapporte à un nom de chose inanimée qui ne se trouve pas exprimé dans la même proposition; on remplace l'adjectif possessif par le mot *en*, et on dit : *le printemps est une saison charmante*, *j'en admire* les *beautés*. Cependant, quoique le nom de chose ne se trouve pas dans la même proposition, on se sert bien de *son*, *sa*, *ses*, etc., lorsque ces adjectifs sont précédés d'une préposition. Exemple : *la ville de Paris est belle*, *j'admire la grandeur de ses monuments*.

XII. *Aucun* et *nul* excluent toute idée de pluralité, et s'emploient toujours avec le mot *ne* : *il n'a nul mérite*; ils admettent cependant le pluriel avec les mots qui n'ont pas de singulier : *il n'a fait* aucuns *frais*.

XIII. *Chaque* veut toujours un substantif après lui : chaque *pays a ses productions*; ainsi ne dites pas : *ces moutons coûtent dix francs* chaque, mais *coûtent dix francs* chacun.

XIV. *Même* est adjectif ou adverbe. Il est adjectif 1° quand il précède le substantif : *ce sont les* mêmes *hommes*; 2° quand il est placé après un pronom ou un seul substantif : *les femmes elles*-mêmes *combattirent*. Il est adverbe 1° quand il se trouve après deux ou plusieurs substantifs : *il évite ses amis*, *sa femme*, *ses enfants* même; 2° quand il modifie un verbe : *il lui a tout donné*, même *son nécessaire*.

XV. *Quelque* s'écrit de trois manières : 1° suivi d'un substantif (quand même ce substantif serait précédé d'un adjectif), *quelque* s'écrit en un seul mot; alors il est adjectif, et s'accorde avec ce substantif : Quelques *richesses*, quelques *grands talents que vous ayez*, *vous ne devez pas vous en enorgueillir*; 2° suivi d'un adjectif, d'un participe ou d'un adverbe, *quelque* s'écrit en un seul mot; alors il est adverbe et par conséquent invariable : Quelque *puissants que soient mes ennemis*, quelque *adroitement qu'ils s'y prennent*, *je ne les crains pas*; 3° suivi immédiatement d'un verbe, *quelque* s'écrit en deux mots *quel que*; alors *quel* est adjectif et s'accorde en genre et en nombre avec le sujet du verbe, et *que* est conjonction et reste invariable : quelles que *soient les forces de l'ennemi*, quels que *soient ses talents*, *j'espère le vaincre facilement*.

XVI. *Tout* est adjectif ou adverbe. *Tout*, étant adjectif, s'accorde en genre et en nombre avec le substantif ou pronom qu'il qualifie : tout *moment*, tous *les moments*; toute *action*, toutes *les actions*. *Tout* signifiant *entièrement*, *tout-à-fait*, *quelque*, *quoique*, est adverbe et invariable : Tout *aimable qu'est cette femme*. *Ils sont* tout *dévoués au roi*. Cependant *tout*, quoique adverbe, varie quand l'adjectif qui suit est féminin et commence par une consonne : *de l'eau-de-vie* toute *pure*; *des femmes* toutes *pénétrées de douleur*. C'est l'oreille qui demande cette variabilité.

IV⁰ Leçon. — EXERCICES SUR L'ADJECTIF.

Adjectifs qualificatifs : [1] *positif*, [2] *comparatif d'égalité*, [3] *comparatif d'infériorité*, [4] *comparatif de supériorité*, [5] *superlatif absolu*, [6] *superlatif relatif*. — *Adjectifs déterminatifs* : [7] *numéral cardinal*, [8] *numéral ordinal*, [9] *démonstratif*, [10] *possessif*, [11] *indéfini*. — [12] *Emploi de deux adjectifs invariables*. — [13] Vingt, cent, [14] mil, mille. — [15] Quelque *suivi d'un substantif, seul ou accompagné d'un adjectif*; [16] *suivi d'un adjectif séparé d'un substantif*; [17] *suivi d'un verbe*. — [18] Tout, *adjectif*; [19] tout, *adverbe*.

[1] Ce qui annonce l'homme d'une habileté et d'un génie *supérieurs*, ce sont les grands et *vastes* projets joints à la *prompte* et *sage* exécution.

[2] La superstition est un écueil *aussi dangereux* que l'impiété. — Le menteur est *autant méprisé* que l'homme vrai est estimé.

[3] L'homme fait est *moins physionomiste* que l'enfant. — La mort est *moins funeste* que les plaisirs qui attaquent la vertu.

[4] Le mensonge est *plus gênant* que le silence ou la franchise. — L'espoir d'une condition *plus heureuse* adoucit les peines qu'on éprouve.

[5] Je doute qu'un homme de bien consentît jamais à une bassesse, quand même on lui offrirait de *très-grands* avantages.

[6] *Le moins pauvre* des hommes est celui qui désire le moins. — Un homme qui a su vaincre ses passions et y mettre un frein, a remporté *la plus belle* de toutes les victoires.

[7] Sur *dix* récoltes, on en compte *deux* bonnes, *trois* mauvaises et *cinq* médiocres. — Il y a *deux* choses qu'on ne saurait regarder en face : le soleil et la mort.

[8] Le *premier* degré du pardon est de ne plus parler de l'injure qu'on a reçue. — Au *huitième* et au *neuvième* siècle il y avait trois carêmes, quelquefois quatre, comme dans l'église grecque.

[9] La possession des faux biens de *ce* monde ne peut procurer qu'une fausse et trompeuse félicité. — Personne ne fut plus doué que Fénélon de *cette* bonté, de *cette* indulgence, qui captive les esprits et les cœurs.

[10] *Notre* salut naît quelquefois des causes mêmes d'où devait venir *notre* perte. — Une femme peut doubler *sa* dot par *ses* talents et *ses* vertus.

[11] Il y a, dans le langage d'*un* hypocrite, *une* certaine douceur que n'a pas la vérité. — Celui qui ne montre *aucune* pitié, ne mérite *aucune* clémence.

[12] Des étoffes *rose tendre* ne siéent qu'au jeune âge ; celles qui sont *brun foncé* conviennent dans toutes les saisons.

[13] Un des plus célèbres édifices de la Chine est la tour de porcelaine; elle est haute de *deux cent quatre-vingts* pieds, et a un escalier de *quatre cents* marches.

[14] C'est de l'année *mil* quatre cent quarante que date l'invention de l'imprimerie. — Le Gange, un des plus grands fleuves de l'Asie, se jette dans la mer de l'Inde, après avoir parcouru plus de dix-huit cents *milles*.

[15] Dieu donne des richesses à *quelques* mortels indignes d'en jouir, afin qu'elles deviennent le supplice de leurs passions. — *Quelques* grands avantages que la nature donne, ce n'est pas elle seule, mais la vertu avec elle, qui fait les héros.

[16] *Quelque* méchants que soient les hommes, ils n'osent paraître ennemis de la vertu. — *Quelque* estimées que soient les richesses, elles ne sont estimables que dans les mains de l'homme bienfaisant.

[17] *Quelle que* soit la gloire des grands sur la terre, elle a toujours à craindre l'envie, qui cherche à l'obscurcir. — *Quelle que* soit leur expérience, les hommes peuvent se laisser égarer : les plus habiles, les plus sages même sont faillibles.

[18] C'est au dernier moment que *toute* votre vie s'offrira à vous sous des idées bien différentes de celles que vous en avez eues jusqu'à aujourd'hui. — La vertu est le souverain bien ; *toute* autre richesse est illusoire.

[19] *Tout* engourdie qu'est la paresse, elle fait plus de ravages chez nous que toutes les autres passions ensemble. — L'espérance, *toute* trompeuse qu'elle est, sert au moins à nous mener à la fin de la vie par un chemin agréable.

La véritable finesse n'est autre chose qu'une prudence bien réglée ; elle fait que l'homme est sincère sans être simple, et pénétrant sans être trompeur.

Une grande fortune est aussi embarrassante qu'un grand pouvoir. — César était aussi éloquent que brave, et autant admiré qu'estimé.

Les méchants sont moins dangereux que les hommes faibles. — Les fortunes promptes sont moins solides que les autres.

Il y a certaines sociétés dont la fréquentation est plus dangereuse que des coupe-gorge. — On est plus heureux de donner que de recevoir.

La cour des princes est généralement composée d'hommes fort durs, quoique fort polis : ce n'est pas là qu'il faut chercher l'humanité.

De bonnes actions et des études agréables sont les plus doux passe-temps. — Le métier le plus assujettissant, le plus long et le moins réellement profitable, est celui d'amasseur d'or.

Sur cent personnes, quatre-vingt-dix sacrifient à la jouissance du présent les espérances de l'avenir. — L'intérêt, la vanité, la mode et la santé, sont nos quatre guides principaux.

De la philosophie du dix-huitième siècle, il faut écarter ce qu'il y a de faux en morale, en politique, en législation. — Le premier besoin de l'homme pieux, c'est de rapporter ses vertus à Dieu et de les cacher aux hommes.

Cette nacelle, où le matelot lutte en vain contre le courant qui l'entraîne, est l'image de la vie. — Les approches de la mort éteignent nos courage, cette intrépidité avec laquelle il semble que nous la défions toute notre vie.

Sois reconnaissant envers ton père et ta mère, puisqu'ils t'ont donné le jour : tes enfants, en suivant ton exemple, récompenseront ta piété par leur amour filial.

La bonté est presque un vice, quand elle dégénère en faiblesse. — L'esprit ne tient lieu d'aucun talent, ni la vanité, d'aucune vertu.

Apollon est quelquefois représenté avec des cheveux blond cendré, d'autres fois avec des cheveux châtain clair.

Mettre à la loterie, c'est faire une gageure avec le sort à quatre-vingt-dix contre un. — La monarchie française a été fondée l'an quatre-cent-vingt.

Cent familles à dix mille francs de rente sont plus utiles qu'une seule à un million. — Aucune armée n'a jamais montré plus de courage que la nôtre à la bataille de Pavie, livrée en mil cinq cent vingt-cinq.

Quelque chose que nous fassions pour obliger un ingrat, nous n'obtiendrons jamais sa reconnaissance. — Quelques grands talents que nous possédions, la moindre des vertus a plus de prix aux yeux de la Divinité.

Quelque corrompus que soient les hommes, la vertu leur impose toujours. — Quelque dissimulés que soient les méchants, Dieu connaît les moindres secrets de leurs cœurs.

Quelle que soit la modération de nos désirs, ne nous croyons pas à l'abri des revers. — Il y a toujours une manière de dire les choses, quelles qu'elles soient, qui les rend ou plus agréables ou moins dures.

Le plus esclave de tous les hommes, c'est celui qui est asservi à ses passions. — Dieu, en donnant l'intelligence à l'homme, a voulu qu'il ne pût être confondu avec toutes les autres créatures.

Les bienfaits qu'on répand sur les autres, causent une tout autre satisfaction que ceux qu'on en reçoit. — L'âme demeure tout étonnée et toute stupéfaite à la vue des grandes scènes qu'offre la nature.

IVe ESPÈCE DE MOTS. — PRONOM.

Ire Leçon. — TABLEAU ANALYTIQUE

PRONOM.

Le *pronom* est un mot que l'on met à la place du substantif pour en éviter la répétition ; il y a cinq espèces de pronoms.

Pronom personnel.

Les pronoms personnels sont ceux qui désignent les personnes.

Pronom démonstratif.

Ce pronom ajoute au substantif, qu'il remplace, une idée de démonstration.

Pronom possessif.

Ce pronom ajoute au substantif, qu'il remplace, une idée de possession.

Pronom relatif.

Ce pronom est ainsi appelé à cause de la relation intime qu'il a avec un substantif ou pronom qui précède.

Pronom indéfini.

Ce pronom désigne, d'une manière vague, les substantifs qu'il remplace.

IIe Leçon. — DEFINITIONS.

Le *PRONOM* est un mot que l'on met à la place du substantif pour en rappeler l'idée et en éviter la répétition : *Edouard est insouciant*, il *court*, il *chante continuellement*. Le pronom *il* est employé pour éviter la répétition du substantif *Edouard;* sans ce pronom, il faudrait dire : *Edouard est insouciant*, *Edouard court*, *Edouard chante continuellement*.

Le pronom peut aussi tenir la place d'une phrase ou d'une partie de phrase : *Voulez-vous que je vous raconte une histoire? Oui*, *je* le *veux*. Le mot *le*, qui est un pronom, tient la place d'une partie de phrase; c'est comme s'il y avait : *Oui*, *je veux que vous me racontiez une histoire*.

Il y a cinq sortes de pronoms : les pronoms *personnels*, les pronoms *démonstratifs*, les pronoms *possessifs*, les pronoms *relatifs* et les pronoms *indéfinis*.

PRONOMS PERSONNELS. — Les pronoms *personnels* sont ceux qui désignent les personnes. Il y a trois *personnes :* la première personne est *celle qui parle*, la seconde personne est *celle à qui l'on parle*, la troisième personne est *celle de qui l'on parle*.

Les pronoms personnels sont : Pour la première personne, *je*, *moi*, *me*, au singulier; *nous*, au pluriel ; ils sont des deux genres. Pour la deuxième personne, *tu*, *toi*, *te*, au singulier; *vous*, au pluriel ; ils sont des deux genres (par politesse, on emploie *vous* au lieu de *tu* au singulier). Pour la troisième personne, *il*, *lui*, *elle*, *se*, *soi*, *le*, *la*, au singulier; *ils*, *eux*, *elles*, *se*, *leur*, *les*, au pluriel. *Il*, *ils*, *eux*, *le*, sont masculins; *elle*, *elles*, *la*, sont féminins; *se*, *soi*, *lui*, *leur*, *les*, sont des deux genres.

Il y a encore deux mots qui sont regardés comme pronoms personnels, quand ils ont rapport à une personne ou à une chose dont on a parlé ; ces pronoms sont : *en*, qui signifie *de ceci*, *de cela*, *de lui*, *d'elle*, *d'eux*, *d'elles : Je m'en souviens*, c'est-à-dire *je me souviens de lui*, *d'elle*, etc.; *y*, qui signifie *à cette chose*, *à ces choses : J'y penserai*, c'est-à-dire *je penserai à cette chose*, *à ces choses*.

REMARQUES. — 1° *Le*, *la*, *les*, pronoms personnels, accompagnent toujours un verbe : *je* le *cherche*, *je* la *conduirai*, *je* les *aimerai* ; et *le*, *la*, *les*, articles, accompagnent toujours un substantif : le *vaisseau*, la *mer*, les *vents*.

2° Lorsque *leur* précède un verbe, il est pronom, et ne prend point la marque du pluriel ; s'il précède un substantif, il est adjectif possessif, et s'accorde avec ce substantif.

PRONOMS DEMONSTRATIFS. — Les pronoms *démonstratifs* sont ceux qui ajoutent au substantif, qu'ils remplacent, une idée d'indication ou de démonstration ; ces pronoms sont :

Singulier masculin. Celui, celui-ci, celui-là, ce, ceci, cela. — *Féminin.* Celle, celle-ci, celle-là.
Pluriel masculin. Ceux, ceux-ci, ceux-là. — *Féminin.* Celles, celles-ci, celles-là.

PRONOMS POSSESSIFS. — Les pronoms *possessifs* ajoutent au substantif, qu'ils remplacent, une idée de possession ; ces pronoms sont :

Singulier masculin. Le mien, le tien, le sien, le nôtre, le vôtre, le leur. — *Féminin.* La mienne, la tienne, la sienne, la nôtre, la vôtre, la leur.
Pluriel masculin. Les miens, les tiens, les siens. — *Féminin.* Les miennes, les tiennes, les siennes. (Les nôtres, les vôtres, les leurs, sont des deux genres.)

PRONOMS RELATIFS. — On appelle pronoms *relatifs* ceux qui ont un raport ou une relation intime avec un substantif ou un autre pronom qui les précède, et que l'on appelle *antécédent*.

Les pronoms relatifs sont : *qui*, *que*, *quoi*, *dont*, *lequel*, *laquelle*, *lesquels*, *lesquelles*. *L'oiseau* qui *vole; le fruit* que *j'ai mangé; ce sont choses à* quoi *vous ne prenez garde ; l'histoire* dont *vous m'avez parlé ; le cabinet dans* lequel *je suis entré*, etc. Les pronoms *qui*, *que*, *quoi*, *dont*, *lequel*, se rapportent aux substantifs *oiseau*, *fruit*, *choses*, *histoire*, *cabinet*, qui les précèdent, et qui sont appelés antécédents de ces pronoms.

Les pronoms *qui*, *que*, *quoi*, *lequel*, *laquelle*, sont aussi des pronoms *interrogatifs ;* on les distingue des pronoms relatifs en ce qu'ils n'ont point d'antécédent, et qu'on peut les tourner par *quelle personne* ou *quelle chose*, comme : qui *a fait cela?* c'est-à-dire *quelle personne a fait cela?* que *lisez-vous?* c'est-à-dire *quelle chose lisez-vous?*

PRONOMS INDEFINIS. — On appelle pronoms *indéfinis* ceux qui désignent les personnes et les choses d'une manière vague et indéfinie. Ces pronoms sont : *on*, *quiconque*, *quelqu'un*, *chacun*, *autrui*, *l'un*, *l'autre*, *l'un et l'autre*, *personne*. Exemples : On *frappe à la porte ;* quiconque *passe ici doit payer ;* quelqu'un *entre;* chacun *sent son mal*, etc.

IIIe Leçon. — REMARQUES.

RÈGLES GÉNÉRALES. — I. Le pronom ne peut remplacer qu'un substantif pris dans un sens déterminé, c'est-à-dire employé avec l'article ou l'équivalent de l'article; ainsi ne dites pas : *Vous avez* droit *de me commander*, *je* le *trouve juste ;* mais dites : *Vous avez* le droit *de me commander*, *je* le *trouve juste*.

II. Lorsque le pronom peut se rapporter au sujet ou au régime d'une phrase, il y a équivoque, et la phrase est vicieuse. On ne pourrait pas dire : *les* modernes *ont imité les* anciens *dans tout ce qu'*ils *ont de beau ;* car on ne sait pas à quoi se rapporte le pronom *ils*. S'il se rapporte aux anciens, on doit dire : *les* modernes *ont imité les* anciens *dans tout ce que* ceux-ci *ont de beau*. Si c'est aux modernes que le pronom se rapporte, on dira : *les* modernes *dans tout ce qu'*ils *ont de beau ont imité les* anciens.

III. Les pronoms personnels sont employés, de même que les substantifs, en sujet, en régime et en apostrophe; *toi* et *vous* sont les seuls pronoms employés en apostrophe.

IV. Les pronoms personnels, employés comme sujets, se répètent avant tous les verbes qui ont des temps différents : je *travaille* et je *m'instruirai :* mais si les verbes sont au même temps, on peut ne pas répéter le sujet : je *travaille* et *m'instruis*. On le met après le verbe, si la phrase est interrogative : *venez*-vous? *est*-il *arrivé?*

Vous, employé pour *tu*, veut le verbe au pluriel, mais les qualificatifs restent au singulier : *mon fils*, vous *serez* estimé *si* vous *êtes* sage.

V. Le pronom personnel, régime direct ou indirect, se place aussi avant les verbes : *il* me *loue; vous* le *trompez ;* excepté quand le verbe est à l'impératif, alors on place après le verbe les pronoms régimes, en les unissant à ce verbe par un trait d'union : *caressez*-le, *donnez*-lui *la main*. — Les pronoms personnels régimes se répètent avant tous les verbes qui ont des régimes différents : *il* me *parle et il* m'*amuse*.

VI. Le pronom *soi* ne s'emploie qu'au singulier ; il se dit des personnes et des choses. S'il se dit des personnes, on ne l'emploie qu'avec un sujet vague et indéterminé, comme *on*, *chacun*, etc. On *doit rarement parler de* soi ; chacun *songe à* soi ; n'aimer *que* soi, *c'est être mauvais citoyen*.

VII. *Ce*, devant le verbe *être*, veut ce verbe au singulier, excepté quand il est suivi de la troisième personne du pluriel : c'*est moi*, c'*est toi*, c'*est lui*, c'*est nous*, c'*est vous;* mais il faut dire : ce *sont eux*, ce *sont elles*.

Il ne faut pas confondre *ce*, pronom démonstratif, avec *ce*, adjectif démonstratif; le premier est toujours joint au verbe *être*, ou suivi des pronoms *qui*, *que*, *quoi*, *dont;* le second est toujours suivi d'un substantif.

VIII. Le pronom *le* peut représenter un substantif ou un adjectif. Quand il représente un substantif, ou un mot pris substantivement, le pronom s'accorde en genre et en nombre avec ce substantif : *Etes-vous* la maîtresse? *oui*, *je* la *suis*. *Etes-vous* les maîtresses? *oui*, *nous* les *sommes*.

Quand le pronom *le* tient la place d'un adjectif ou d'un mot pris adjectivement, il est invariable, parce que l'adjectif ne peut communiquer ni le genre, ni le nombre : *Madame*, *êtes-vous* malade? *oui*, *je* le *suis*. *Etes-vous* prêts? *oui*, *nous* le *sommes*.

Le pronom *le* est aussi invariable lorsqu'il tient la place du verbe, parce que le verbe, comme l'adjectif, ne peut communiquer ni le genre ni le nombre : *nous devons* travailler *autant que nous* le *pouvons*.

IX. *Celui-ci*, *celle-ci*, *ceux-ci*, *celles-ci*, s'emploient pour désigner des objets qui sont proches; *celui-là*, *celle-là*, *ceux-là*, *celles-là*, indiquent des objets plus éloignés : *Les deux philosophes Héraclite et Démocrite étaient d'un caractère bien différent ;* celui-ci *riait toujours*, celui-là *pleurait sans cesse*.

Ceci désigne aussi une chose plus proche, *cela* désigne une chose plus éloignée : *Je n'aime pas* ceci, *donnez-moi* cela. De même que *ici* indique le lieu où l'on est, *là* indique un endroit plus éloigné : *Nous sommes mal* ici, *allons* là.

X. Les pronoms possessifs doivent toujours se rapporter à un substantif énoncé précédemment; ce serait une faute de dire : *Je vous ai écrit le cinq du courant*, *et j'ai reçu* la vôtre *le dix ;* parce que *la vôtre* ne se rapporte à rien de ce qui précède ; mais il faut dire pour rendre la phrase correcte : *Je vous ai envoyé* ma lettre *le cinq du courant*, *et j'ai reçu* la vôtre *le dix*.

XI. Le pronom relatif *qui* doit s'accorder, en genre, en nombre et en personne, avec son antécédent ; ainsi dites : *Moi* qui *suis venu*, *toi* qui *es venu*, *nous* qui *sommes venus*, *eux* qui *sont venus*, etc. Il y a donc une faute dans cette phrase : *Il n'y a que moi* qui *s'intéresse à cet enfant*. Il faut dire : *Il n'y a que moi* qui *m'intéresse à cet enfant*.

XII. Le pronom relatif *que* s'accorde également avec son antécédent : *Cette histoire est la plus jolie de toutes celles* que *j'ai* lues (lesquelles j'ai *lues*).

XIII. *Qui*, régime d'une préposition, ne s'emploie que pour les personnes et les choses personnifiées; ainsi on dit bien : *La personne* à qui *j'ai confié un secret;* mais on ne saurait dire : *Les sciences* à qui *je m'applique*, pour *les sciences* auxquelles *je m'applique*.

XIV. Le pronom indéfini *on* est ordinairement masculin singulier, comme dans cette phrase : On *n'est pas toujours* maître *de ses passions ;* il devient féminin quand il s'applique spécialement à une femme : On *cesse d'être* jolie, *quand* on *devient* vieille.

On prend un *l* après les mots *si*, *où*, *et*, souvent aussi après *que :* Si l'*on connaissait le pays* où l'*on va ; j'ai lu* et l'*on m'a raconté ; on connaîtrait bien moins de fautes*, si l'*on pensait qu'on a Dieu pour témoin*.

XV. *Chacun*, précédé d'un pluriel est tantôt suivi de *son*, *sa*, *ses*, tantôt de *leur*, *leurs*.

Quand on place *chacun* devant le régime direct du verbe, on emploie *leur* après *chacun : Auguste et Eugène ont rempli* chacun leur *devoir ; ils ont remporté*, chacun *dans* leur *classe*, *le prix d'excellence*. — Quand on place *chacun* après le régime direct du verbe, ou que ce verbe n'en a point, on emploie *son*, *sa*, *ses : Auguste et Eugène ont fait des réponses* chacun *selon* son *savoir*, *et ont remporté le premier prix* chacun *dans* sa *classe*.

XVI. *Personne* est tantôt pronom indéfini, tantôt substantif. Comme pronom, *personne* est masculin, il signifie *aucune personne*, et il s'emploie sans article ni aucun adjectif déterminatif, mais il est toujours suivi de la négative *ne*, excepté dans les phrases interrogatives : Personne *n'est assez sot pour le faire*. Personne *est-il assez crédule pour le croire?* Comme substantif, *personne* est féminin, et doit être accompagné de l'article ou d'un adjectif déterminatif : *Quelle est la* personne *assez sotte pour le faire? Il n'y a pas une* personne *assez insensée pour le croire*.

XVII. *L'un et l'autre* demande un pluriel : *L'un et l'autre sont* bons.

IV° Leçon. — **EXERCICES SUR LE PRONOM.**

¹ *Pronoms personnels*, ² *démonstratifs*, ³ *possessifs*, ⁴ *relatifs*, ⁵ *indéfinis*. — ⁶ Soi; ⁷ le; ⁸ celui-ci, celle-ci, celui-là, celle-là. — ⁹ Chacun *suivi de son, sa, ses*; ¹⁰ chacun *suivi de leur, leurs*. — ¹¹ Personne, *pronom indéfini, qu'il faut distinguer de* personne *substantif*.

---

¹ Ceux qui éprouvent le besoin de recourir à Dieu, ne trouvent jamais entre *eux* et *lui* de barrières impénétrables. — Quand *tu* as essayé de la probité d'un homme, et qu'*il* répond à l'idée que *tu en* as conçue, ouvre-*lui* ton cœur hardiment. — Faites tout de suite ce que *vous* pouvez faire, le temps ne *s'*arrête pas pour *vous* attendre. — Le vice empoisonne les plaisirs, la modération *les* aiguise, l'innocence *les* épure.

² Les injures sont les raisons de *ceux* qui ont tort. — *Celui* qui ne pense qu'à soi-même dispense les autres de s'occuper de lui. — *Celui* qui fait une injure à quelqu'un est plus à plaindre que *celui* qui la souffre. — Les hommes qui ont le plus vécu ne sont pas *ceux* qui ont compté le plus d'années, mais *ceux* qui ont le mieux usé de *celles* que le Ciel leur a départies.

³ Chacun veut que le bonheur d'autrui ne trouble pas le *sien*, et que la paresse et la cupidité ne viennent point lui enlever le fruit de son travail et de ses peines. — L'imagination d'autrui nous dupe aussi souvent que la *nôtre*.

⁴ Que ceux *qui* combattent la religion apprennent ce *qu'*elle est, avant de la combattre. — Celui *qui* doute et *qui* observe, augmente sa science. — Il y a deux grands traits *qui* peignent le caractère : l'activité à rendre service, *qui* prouve la générosité; le silence sur les services rendus, *qui* prouve la grandeur d'âme. — *Qu'*est-ce *qu'*être sage ? c'est bien penser et bien agir. — *Qui* peut ignorer combien il est doux et glorieux de secourir l'innocence et la vertu injustement opprimées ?

⁵ *On* s'imagine toujours qu'*on* a plus de mérite et de perfection qu'*on* n'en a en effet. — Il semble aux ambitieux qu'*on* leur ravit les grâces qu'*on* répand sur les autres. — *On* n'est jamais aussi aisément trompé que lorsqu'*on* songe à tromper les autres.

⁶ Juger les autres avec la dernière rigueur, se pardonner à *soi*-même, voilà deux maladies mortelles qui affligent le genre humain. — On est moins sûr d'avoir le bonheur en courant après, qu'en l'attendant chez *soi*.

⁷ Une femme peut être aimable sans beauté, mais il est bien rare qu'elle *le* soit sans un esprit cultivé. — Je ne suis point sa mère; mais lors même que je *la* serais, je ne saurais lui être plus attachée que je ne *le* suis. — Les méchants peuvent paraître heureux, mais ne croyez pas qu'ils *le* soient ; s'ils ont le sourire sur les lèvres, ils ont la mort dans le cœur. — Êtes-vous la maîtresse de cette maison ? je *la* suis.

⁸ Nous devons préférer des amis trop sévères à des amis trop complaisants : *ceux-là* disent souvent la vérité, tandis que *ceux-ci* la dissimulent presque toujours. — L'opulence et le repos sont à une si grande distance l'un de l'autre, que plus on approche de *celle-là*, plus on s'éloigne de *celui-ci*. — L'homme de bien doit son assistance à l'infortuné qui la réclame, lors même que *celui-ci* est son ennemi.

⁹ La conscience est le jugement intérieur que les hommes portent *chacun* sur *ses* propres actions. — Les hommes ont beau demander conseil, ils en agissent toujours *chacun* selon *sa* fantaisie.

¹⁰ César et Pompée avaient *chacun leur* mérite, mais c'étaient des mérites différents. — Les vertus n'ont qu'un intérêt commun, les passions ont *chacune leur* intérêt particulier. — Ronsard et Balzac avaient, *chacun* dans *leur* genre, assez de mérite pour former après eux un grand écrivain en vers et en prose.

¹¹ *Personne* n'est aussi content de son sort que de soi. — Ne faire de mal à *personne* c'est assurer son repos. — En écoutant les louanges que son mérite lui attire, une *personne* bien née n'a l'air ni fier ni trop étonné. — L'honnête homme ne convoite rien de *personne*, mais il envie l'avantage qu'ont les riches de pouvoir faire des heureux. — On admire les *personnes* d'esprit, mais on n'aime que celles chez qui l'esprit est uni à la bonté.

Nous n'abandonnons rien au hasard ; et nous oserions dire que le Créateur lui a tout abandonné ! — Comment un autre pourra-t-il garder notre secret, si nous ne pouvons le garder nous-mêmes ? — Il n'y a que la vertu qui nous élève au-dessus de nous-mêmes. — Une âme honnête, si elle a des torts, ne saurait être en paix avec elle-même, avant qu'ils ne soient réparés.

Ceux qui se flattent de faire envie font souvent pitié. — Celui qui éclaire ses semblables est un bon citoyen. — Celui qui n'a aucune vertu envie toujours celles des autres. — Ce qui soutient l'homme au milieu des plus grands revers, c'est l'espérance. — L'absence qui sépare ceux qui vivent de ceux qui ne vivent plus, est trop courte pour que nous nous plaignions de sa durée.

Sans la raison que fait-on de l'esprit ? le malheur des autres et le sien. — Trop souvent on croit voir l'opinion publique dans la sienne. — Votre place vous honore ; moi, je veux honorer la mienne.

Il ne peut y avoir d'assurance en celui qui ment. — Je définis ainsi la médisance : une pente secrète de l'âme à penser mal de tous les hommes, qui se manifeste par les paroles. — Les choses, dont nous nous soucions le moins, sont souvent celles qui contribuent le plus à notre bonheur. — Qui peut lire l'Évangile, sans en trouver la morale sublime ? — Quel cœur assez barbare pourrait ne pas avoir de plaisir à soulager les peines des malheureux ?

Quiconque s'écarte de la sagesse s'éloigne du seul bonheur où l'homme puisse prétendre sur la terre. — On n'amasse les richesses qu'avec peine ; on ne les possède qu'avec inquiétude; on ne les quitte qu'avec regret. — Chacun dit du bien de son cœur, et personne n'ose en dire de son esprit.

Tromper les autres, c'est s'exposer à être trompé soi-même. — Quiconque accuse trop les hommes s'accuse soi-même. — Être trop mécontent de soi est une faiblesse ; être trop content de soi une sottise.

Vous n'êtes pas ma fille, mais lors même que vous la seriez, je ne prendrais pas un intérêt plus vif à votre bonheur. — Êtes-vous maîtres de vos actions ? nous le sommes. — La terre, naturellement fertile, le serait bien plus, si elle était mieux cultivée. — Mesdames, êtes-vous contentes de ce discours ? oui, nous le sommes infiniment.

Il y a cette différence entre les grands et les statues haut-placées, que celles-ci grandissent lorsqu'on en approche, et que ceux-là s'apetissent. — Sont les sentiments de l'âme qui déterminent les actions du corps; et d'après celles-ci, qu'on voit, on peut juger de ceux-là, qu'on ne voit pas. — Tel est l'avantage qu'ont les talents sur la beauté : celle-ci n'a qu'un temps pour plaire; ceux-là plaisent dans tous les temps.

Corneille et Molière se sont illustrés chacun dans son genre. — Quel tribut d'admiration ne devons-nous pas aux Bossuet, aux Racine, qui ont contribué si puissamment à la gloire de la France, chacun par ses ouvrages immortels !

La nature semble avoir départi des talents divers aux hommes, pour leur donner à chacun leur emploi. — Les abeilles, dans un lieu donné, bâtissent chacune leur cellule. — Ils convinrent ensemble de tenir, chacun à leur tour, les rênes du gouvernement pendant une année.

Personne n'est parfaitement heureux, à moins qu'il n'ait ceux qu'il aime pour témoins de son bonheur. — Il n'est personne qui ne soit exposé à avoir des ennemis. — Les personnes sensibles ont en elles les semences de tous les sentiments généreux. — Ceux à qui tout le monde convient ne conviennent ordinairement à personne. — Les personnes consommées dans la vertu ont une droiture d'esprit qui les empêche d'être médisantes.

Ve ESPÈCE DE MOTS. — VERBE.

Ire Leçon. — TABLEAU ANALYTIQUE.

VERBE.
Le *verbe* est un mot qui exprime l'affirmation ; il n'y a qu'un verbe, qui est le verbe *être*. Sous sa forme simple on l'appelle *Verbe substantif*.

Lorsque le verbe *être* se présente sous une forme composée, on l'appelle *Verbe adjectif*.
Il y a cinq espèces de verbes adjectifs.

- Le verbe *actif* marque une action faite par le sujet.
- Le verbe *passif* marque une action soufferte par le sujet.
- Le verbe *neutre* marque une action faite par le sujet, mais il n'a pas de régime direct.
- Le verbe *pronominal* se conjugue avec deux pronoms de la même personne.
- Le verbe *impersonnel* ne s'emploie qu'à la troisième personne du singulier.

Modifications du Verbe.

Nombres. Ils indiquent l'unité ou la pluralité. Il y a deux nombres :
- Le *singulier*, quand on parle d'une seule personne.
- Le *pluriel*, quand on parle de plusieurs personnes.

Personnes. Les personnes sont des terminaisons qui indiquent si le sujet du verbe est à la 1re, à la 2e ou à la 3e personne. Il y en a trois :
- La première personne est celle qui parle.
- La seconde personne est celle à qui l'on parle.
- La troisième personne est celle de qui l'on parle.

Modes. On appelle modes les différentes manières d'exprimer l'affirmation. Il y en a cinq :
- L'*indicatif* affirme d'une manière positive et absolue.
- Le *conditionnel* affirme sous la condition.
- L'*impératif* affirme l'idée d'une volonté.
- Le *subjonctif* affirme sans nombres ni personnes.
- L'*infinitif* affirme d'une manière indéterminée et dépendante.

Temps. Les temps sont les différentes formes que prend le verbe pour indiquer le temps qu'il exprime qui est, a été, ou sera. Il y en a trois :
- Le présent.
- Le passé.
- Le futur.

IIe Leçon. — DEFINITIONS.

Le *VERBE* est un mot qui entre dans toutes les phrases, pour unir nos idées ; son unique fonction est d'exprimer l'affirmation, c'est-à-dire de manifester l'existence et de marquer le rapport que nos pensées ont au présent, au passé ou au futur.

Il n'y a qu'un seul verbe (le verbe *être*). Lorsqu'il est employé sous sa forme simple, comme dans *je suis, j'étais, je serai*, on le nomme *verbe substantif*.

VERBE ADJECTIF. — Lorsque le verbe *être* est combiné avec une qualité qui a rapport à une action ou à un état, comme *j'estime, je loue, je prie*, pour *je suis estimant, je suis louant, je suis priant*, on le nomme *verbe adjectif*, parce qu'alors il se présente sous une forme composée, c'est-à-dire réunissant à la fois l'existence et la qualité qu'on attribue au sujet (*). Il y a cinq espèces de *verbes adjectifs* : le verbe *actif*, le verbe *passif*, le verbe *neutre*, le verbe *pronominal* et le verbe *impersonnel*.

Le verbe *actif* marque une action faite par le sujet et qui retombe directement sur un objet, que l'on nomme pour cette raison *régime direct* (**), comme *Adam respecte ses parents, je bâtis une maison*. On reconnaît qu'un verbe est actif, quand après ce verbe on peut mettre *quelqu'un* ou *quelque chose* ; ainsi *respecter, bâtir* sont des verbes actifs, parce qu'on peut dire *je respecte quelqu'un, je bâtis quelque chose*.

Le verbe *passif* marque une action reçue ou soufferte par le sujet ; il se forme du verbe actif, dont on prend le régime direct pour en faire le sujet, et le sujet pour en faire le régime. Le régime des verbes passifs est marqué par les prépositions *de* ou *par*. Exemples : *j'aime mon père* ; pour former le passif, dites : *mon père est aimé de moi. Le soleil échauffe la terre*, dites : *la terre est échauffée par le soleil*.

Le verbe *neutre* marque, de même que le verbe actif, une action faite par le sujet, mais il n'a pas de régime direct, et par conséquent ne peut pas avoir de passif, comme *je vais à la campagne, je tombe*. On reconnaît qu'un verbe est neutre, quand après ce verbe on ne peut pas mettre *quelqu'un* ou *quelque chose* ; ainsi *aller, tomber*, sont des verbes neutres, parce qu'on ne peut pas dire *je vais quelqu'un, je tombe quelque chose*.

Le verbe *pronominal* se conjugue avec deux pronoms de la même personne, comme *je me, tu te, il se, nous nous, vous vous, ils se*. Exemples : *je me loue, tu te bats, il se repose*.

Le verbe *impersonnel* est un verbe qui ne s'emploie, dans tous ses temps, qu'à la troisième personne du singulier ; son sujet est toujours le mot vague *il*, qui ne peut être remplacé par le mot *quelqu'un* ou *quelque chose*, comme *il tonne, il pleut, il neige*.

MODIFICATIONS. — Il y a quatre modifications dans les verbes : les *nombres*, les *personnes*, les *modes* et les *temps*.

NOMBRES. — Les *nombres* indiquent l'unité ou la pluralité. Il y a deux nombres dans les verbes ; le *singulier*, quand on parle d'une seule personne : *je travaille, tu travailles, il travaille* ; le *pluriel*, quand on parle de plusieurs personnes : *nous travaillons, vous travaillez, ils travaillent*.

PERSONNES. — Les *personnes* sont des terminaisons qui indiquent si le sujet du verbe est à la 1re, à la 2e ou à la 3e personne. Il y en a trois : les pronoms *je, nous*, marquent la 1re personne, celle qui parle ; *tu, vous*, marquent la 2e personne, celle à qui l'on parle ; *il, elle, ils, elles*, et tout nom placé devant un verbe, marquent la 3e personne, celle de qui l'on parle.

MODES. — On appelle *modes* les différentes manières d'exprimer l'affirmation marquée par le verbe.
Il y a cinq modes : l'*indicatif*, le *conditionnel*, l'*impératif*, le *subjonctif* et l'*infinitif*.

L'*indicatif* est la manière d'indiquer avec affirmation qu'une chose est, qu'elle a été ou qu'elle sera, comme *je lis, je lisais, je lirai*.

Le *conditionnel* est la manière d'indiquer avec affirmation qu'une chose serait ou qu'elle aurait été, moyennant une condition, comme *je lirais, j'aurais lu*.

L'*impératif* présente l'affirmation sous l'idée du commandement, de la prière, de la défense ou de l'exhortation, comme *lis, lisez, ne lisez pas*. Ce mode n'a qu'un seul temps.

Le *subjonctif* est la manière d'indiquer, avec affirmation, une chose qui est ou désirée, ou crainte, ou incertaine, comme *que je lise, que j'aie lu*. Ce mode est toujours sous la dépendance d'un autre verbe, exprimé ou sous-entendu.

L'*infinitif* présente l'affirmation d'une manière vague, sans nombres ni personnes, comme il est agréable de *lire*.

TEMPS. — Les *temps* sont des terminaisons qui indiquent, dans les verbes, si l'action ou la manière d'être qu'ils affirment est, a été, ou sera ; ainsi il n'y a que trois temps : le *présent*, le *passé* et le *futur*.

Le *présent* affirme que la chose est ou se fait à l'instant même de la parole, comme *j'étudie*. Ainsi le présent est unique, indivisible, et ne présente point de nuances. Cependant on se sert encore du *présent* pour exprimer une chose vraie dans tous les temps. Exemples : *Socrate répétait sans cesse que la vertu fait le bonheur de l'homme*.

Le *passé* affirme que la chose a été faite antérieurement au moment où l'on parle, comme *j'étudiais, j'ai étudié*. On distingue cinq sortes de passés : l'*imparfait*, le *passé défini*, le *passé indéfini*, le *passé antérieur* et le *plusque-parfait*.

Le *futur* affirme une action à venir, c'est-à-dire postérieure à l'instant de la parole, comme *j'étudierai, j'aurai étudié*. Il y a deux futurs, le *futur simple* et le *futur passé* ou *antérieur*.

Les temps des verbes se divisent en temps *simples* et en temps *composés*.

Les temps *simples* sont ceux qui n'empruntent pas un des temps du verbe *avoir* ou du verbe *être*, comme *je chante, je chantais, je chantai*.

Les temps *composés* sont ceux qui se conjuguent avec le secours des verbes *avoir* ou *être*, et qui sont appelés pour cela *verbes auxiliaires*. Exemple : *j'ai mangé, j'avais mangé, je serais venu*.

REMARQUES. — Le verbe auxiliaire *avoir* est employé dans les temps composés : 1° des verbes actifs : *j'ai aimé, j'ai lu* ; 2° de la plupart des verbes neutres : *j'ai couru, j'ai mui* ; 3° de certains verbes impersonnels : *il a neigé*.

Le verbe auxiliaire *être* est employé : 1° pour former tous les temps des verbes passifs : *je suis aimé, j'ai été reçu* ; 2° dans les temps composés du plus grand nombre des verbes impersonnels : *il est résulté, il était survenu*, et de certains verbes neutres où l'usage n'admet pas l'auxiliaire *avoir* : *je suis venu, il est parti* ; 3° dans les temps composés de tous les verbes pronominaux : *je me suis assis, nous nous sommes embarqués*.

Il y a deux choses essentielles à remarquer : c'est le *sujet* et le *régime* des verbes.

(*) Sujet. — Le mot qui désigne la personne ou la chose qui est l'objet de l'affirmation signifiée par le verbe, se nomme *sujet* du verbe ; c'est ce mot qui fait ou qui reçoit l'action exprimée par le verbe. On connaît le sujet en mettant devant le verbe *qui est-ce qui?* la réponse indique le sujet. Exemples : *Ernest aimera le travail. Qui est-ce qui aimera le travail?* réponse : *Ernest. Ernest* est donc le sujet du verbe *aimer. Le soleil est brillant. Qui est-ce qui est brillant?* réponse : *le soleil. Soleil* est le sujet du verbe *être*.

(**) Régime. — On appelle *régime* le mot qui dépend immédiatement d'un autre mot et qui sert à en compléter la signification.

Le *régime* d'un verbe est la personne ou la chose qui reçoit directement ou indirectement l'action exprimée par ce verbe. Il y a deux régimes, le *régime direct* ou *simple*, et le *régime indirect* ou *composé*.

Le *régime direct* complète la signification du verbe, sans le secours d'un autre mot. On connaît le régime direct en mettant, après le verbe, *qui* pour les personnes, et *quoi* pour les choses ; la réponse à cette question indique le régime. Exemples : *j'évite les méchants. J'évite qui?* réponse : *les méchants. Méchants* est le régime direct du verbe *éviter. Je vois un arbre. Je vois quoi?* réponse : *un arbre. Arbre* est le régime direct du verbe *voir*.

Le *régime indirect* est celui qui complète la signification du verbe, à l'aide de certains mots, qu'on appelle *prépositions* ; tels sont : *à, de, avec, par*, etc. On connaît le régime indirect, en mettant après le verbe une des questions *à qui, à quoi, de que, de quoi, où, d'où, par qui ou pour quoi*. Le mot de la phrase qui répond à l'une de ces questions est le régime indirect du verbe. Exemples : *j'écris une lettre à mon frère. J'écris à qui?* réponse : *à mon frère* ; donc *à mon frère* est le régime indirect du verbe *écrire*.

IIIᵉ Leçon. — CONJUGAISONS.

Ecrire ou réciter un verbe, avec tous les modes, les temps, les nombres et les personnes, c'est ce qu'on appelle conjuguer. Il y a quatre conjugaisons que l'on distingue par la terminaison de l'infinitif.

MODES.	TEMPS.	NOMBRES.	PERSONNES.	VERBES AUXILIAIRES avoir.	être.	1ʳᵉ CONJUGAISON. *Infinitif* terminé en *er*.	2ᵉ CONJUGAISON. *Infinitif* terminé en *ir*.	3ᵉ CONJUGAISON. *Infinitif* terminé en *oir*.	4ᵉ CONJUGAISON. *Infinitif* terminé en *re*.	Observations.
INDICATIF....	PRÉSENT.....	*Singulier.*	Je / Tu / Il ou elle	ai. / as. / a.	suis. / es. / est.	aim e. / es. / e.	fin is. / is. / it.	reç ois. / ois. / oit.	rend s. / s. / .	Les verbes auxiliaires avoir et être étant souvent employés, on a cru, pour en faciliter l'intelligence, devoir les séparer des quatre conjugaisons dont ils font partie.
		Pluriel.	Nous / Vous / Ils ou elles	avons. / avez. / ont.	sommes. / êtes. / sont.	ons. / ez. / ent.	issons. / issez. / issent.	evons. / evez. / oivent.	ons. / ez. / ent.	
	IMPARFAIT....	*Singulier.*	Je / Tu / Il ou elle	avais. / avais. / avait.	étais. / étais. / était.	aim ais. / ais. / ait.	fin issais. / issais. / issait.	reç evais. / evais. / evait.	rend ais. / ais. / ait.	Devant un verbe qui commence par une voyelle, le pronom je est élidé, c'est-à-dire que e dans je est remplacé par une apostrophe.
		Pluriel.	Nous / Vous / Ils ou elles	avions. / aviez. / avaient.	étions. / étiez. / étaient.	ions. / iez. / aient.	issions. / issiez. / issaient.	evions. / eviez. / evaient.	ions. / iez. / aient.	
	PASSÉ DÉFINI...	*Singulier.*	Je / Tu / Il ou elle	eus. / eus. / eut.	fus. / fus. / fut.	aim ai. / as. / a.	fin is. / is. / it.	reç us. / us. / ut.	rend is. / is. / it.	
		Pluriel.	Nous / Vous / Ils ou elles	eûmes. / eûtes. / eurent.	fûmes. / fûtes. / furent.	âmes. / âtes. / èrent.	îmes. / îtes. / irent.	ûmes. / ûtes. / urent.	îmes. / îtes. / irent.	
	PASSÉ INDÉFINI..	*Singulier.*	Je / Tu / Il ou elle	ai eu. / as / a	ai été. / as / a	ai aimé. / as / a	ai fini. / as / a	ai reçu. / as / a	ai rendu. / as / a	
		Pluriel.	Nous / Vous / Ils ou elles	avons / avez / ont	avons / avez / ont	avons / avez / ont	avons / avez / ont	avons / avez / ont	avons / avez / ont	Passé rarement employé.
	PASSÉ ANTÉRIEUR..	*Singulier.*	Je / Tu / Il ou elle	eus eu. / eus / eut	eus été. / eus / eut	eus aimé. / eus / eut	eus fini. / eus / eut	eus reçu. / eus / eut	eus rendu. / eus / eut	J'ai eu aimé. Tu as eu aimé. Il a eu aimé. Nous avons eu aimé. Vous avez eu aimé. Ils ont eu aimé.
		Pluriel.	Nous / Vous / Ils ou elles	eûmes / eûtes / eurent	eûmes / eûtes / eurent	eûmes / eûtes / eurent	eûmes / eûtes / eurent	eûmes / eûtes / eurent	eûmes / eûtes / eurent	
	PLUSQUE-PARFAIT.	*Singulier.*	Je / Tu / Il ou elle	avais eu. / avais / avait	avais été. / avais / avait	avais aimé. / avais / avait	avais fini. / avais / avait	avais reçu. / avais / avait	avais rendu. / avais / avait	
		Pluriel.	Nous / Vous / Ils ou elles	avions / aviez / avaient	avions / aviez / avaient	avions / aviez / avaient	avions / aviez / avaient	avions / aviez / avaient	avions / aviez / avaient	
	FUTUR......	*Singulier.*	Je / Tu / Il ou elle	aurai. / auras. / aura.	serai. / seras. / sera.	aim erai. / eras. / era.	fin irai. / iras. / ira.	rec evrai. / evras. / evra.	rend rai. / ras. / ra.	
		Pluriel.	Nous / Vous / Ils ou elles	aurons. / aurez. / auront.	serons. / serez. / seront.	erons. / erez. / eront.	irons. / irez. / iront.	evrons. / evrez. / evront.	rons. / rez. / ront.	
	FUTUR ANTÉRIEUR..	*Singulier.*	Je / Tu / Il ou elle	aurai eu. / auras / aura	aurai été. / auras / aura	aurai aimé. / auras / aura	aurai fini. / auras / aura	aurai reçu. / auras / aura	aurai rendu. / auras / aura	
		Pluriel.	Nous / Vous / Ils ou elles	aurons / aurez / auront	aurons / aurez / auront	aurons / aurez / auront	aurons / aurez / auront	aurons / aurez / auront	aurons / aurez / auront	
CONDITIONNEL.	PRÉSENT.....	*Singulier.*	Je / Tu / Il ou elle	aurais. / aurais. / aurait.	serais. / serais. / serait.	aim erais. / erais. / erait.	fin irais. / irais. / irait.	rec evrais. / evrais. / evrait.	rend rais. / rais. / rait.	Il y a eu second *conditionnel passé*, c'est :
		Pluriel.	Nous / Vous / Ils ou elles	aurions. / auriez. / auraient.	serions. / seriez. / seraient.	erions. / eriez. / eraient.	irions. / iriez. / iraient.	evrions. / evriez. / evraient.	rions. / riez. / raient.	
	PASSÉ.......	*Singulier.*	Je / Tu / Il ou elle	aurais eu. / aurais / aurait	aurais été. / aurais / aurait	aurais aimé. / aurais / aurait	aurais fini. / aurais / aurait	aurais reçu. / aurais / aurait	aurais rendu. / aurais / aurait	J'eusse aimé. Tu eusses aimé. Il eût aimé. Nous eussions aimé. Vous eussiez aimé. Ils eussent aimé.
		Pluriel.	Nous / Vous / Ils ou elles	aurions / auriez / auraient	aurions / auriez / auraient	aurions / auriez / auraient	aurions / auriez / auraient	aurions / auriez / auraient	aurions / auriez / auraient	
IMPÉRATIF......		*Singulier.*		aie.	sois.	aim e.	fin is.	reç ois.	rend s.	L'impératif n'a point de première personne au singulier, parce qu'on ne peut se commander à soi-même. Quelques grammairiens admettent une troisième personne au singulier et au pluriel; mais cette troisième personne n'est qu'un emprunt fait au présent du subjonctif.
		Pluriel.		ayons. / ayez.	soyons. / soyez.	ons. / ez.	issons. / issez.	evons. / evez.	ons. / ez.	
SUBJONCTIF...	PRÉSENT OU FUTUR.	*Singulier.*	Que je / Que tu / Qu'il	aie. / aies. / ait.	sois. / sois. / soit.	aim e. / es. / e.	fin isse. / isses. / isse.	reç oive. / oives. / oive.	rend e. / es. / e.	
		Pluriel.	Que nous / Que vous / Qu'ils	ayons. / ayez. / aient.	soyons. / soyez. / soient.	ions. / iez. / ent.	issions. / issiez. / issent.	evions. / eviez. / oivent.	ions. / iez. / ent.	
	IMPARFAIT.....	*Singulier.*	Que je / Que tu / Qu'il	eusse. / eusses. / eût.	fusse. / fusses. / fût.	aim asse. / asses. / ât.	fin isse. / isses. / ît.	reç usse. / usses. / ût.	rend isse. / isses. / ît.	
		Pluriel.	Que nous / Que vous / Qu'ils	eussions. / eussiez. / eussent.	fussions. / fussiez. / fussent.	assions. / assiez. / assent.	issions. / issiez. / issent.	ussions. / ussiez. / ussent.	issions. / issiez. / issent.	
	PASSÉ......	*Singulier.*	Que je / Que tu / Qu'il	aie eu. / aies / ait	aie été. / aies / ait	aie aimé. / aies / ait	aie fini. / aies / ait	aie reçu. / aies / ait	aie rendu. / aies / ait	
		Pluriel.	Que nous / Que vous / Qu'ils	ayons / ayez / aient	ayons / ayez / aient	ayons / ayez / aient	ayons / ayez / aient	ayons / ayez / aient	ayons / ayez / aient	
	PLUSQUE-PARFAIT.	*Singulier.*	Que je / Que tu / Qu'il	eusse eu. / eusses / eût	eusse été. / eusses / eût	eusse aimé. / eusses / eût	eusse fini. / eusses / eût	eusse reçu. / eusses / eût	eusse rendu. / eusses / eût	L'indicatif, le conditionnel, l'impératif et le subjonctif sont des modes personnels; l'infinitif seul est appelé mode impersonnel.
		Pluriel.	Que nous / Que vous / Qu'ils	eussions / eussiez / eussent	eussions / eussiez / eussent	eussions / eussiez / eussent	eussions / eussiez / eussent	eussions / eussiez / eussent	eussions / eussiez / eussent	
INFINITIF....	PRÉSENT.			avoir.	être.	aimer.	finir.	recevoir.	rendre.	
	PASSÉ.			avoir eu.	avoir été.	avoir aimé.	avoir fini.	avoir reçu.	avoir rendu.	
	PARTICIPE PRÉSENT.			ayant.	étant.	aimant.	finissant.	recevant.	rendant.	
	PARTICIPE PASSÉ.			eu, eue.	été.	aimé, aimée.	fini, finie.	reçu, reçue.	rendu, rendue.	

SUITE DU VERBE. — FORMATION DES TEMPS.

IVe Leçon. — TABLEAU ANALYTIQUE.

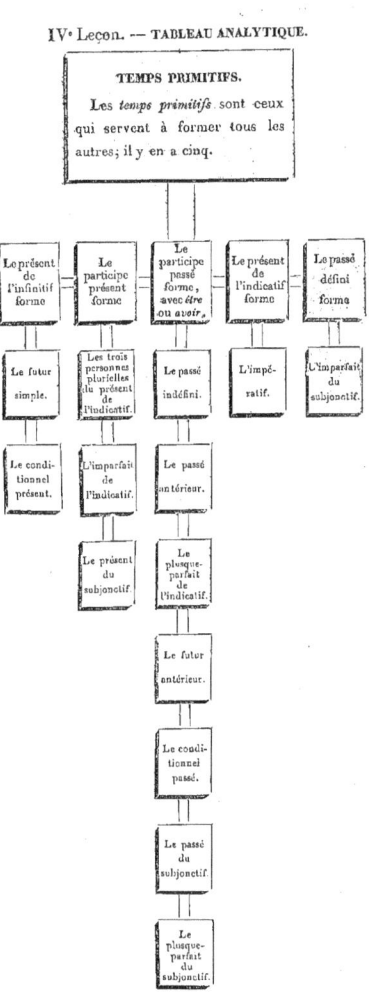

Ve Leçon. — RÈGLES DE LA DÉRIVATION DES TEMPS.

TEMPS PRIMITIFS. — Tous les temps d'un verbe se forment de cinq temps principaux qu'on appelle *temps primitifs*, qui sont : le *présent de l'infinitif*, le *participe présent*, le *participe passé*, le *présent de l'indicatif* et le *passé défini*.
On appelle *temps dérivés* ceux qui sont formés des temps primitifs.
Il est indispensable, pour bien conjuguer un verbe, de connaître les temps primitifs, et la manière dont ils forment les temps dérivés.

PRÉSENT DE L'INFINITIF. — Le *présent de l'infinitif* forme deux temps :
1° Le *futur simple*, en ajoutant *ai* à l'infinitif des verbes de la première et de la seconde conjugaison : *aimer, j'aimerai ; finir, je finirai* ; en changeant *oir* en *rai* à l'infinitif de la troisième conjugaison : *recevoir, je recevrai* ; et en changeant *re* en *rai* à l'infinitif de la quatrième conjugaison : *rendre, je rendrai*.
2° Le *conditionnel présent*, en ajoutant *ais* à l'infinitif des verbes de la première et de la seconde conjugaison : *aimer, j'aimerais ; finir, je finirais* ; en changeant *oir* en *rais* à l'infinitif de la troisième conjugaison : *recevoir, je recevrais* ; et en changeant *re* en *rais* à l'infinitif de la quatrième conjugaison : *rendre, je rendrais*.
Il y a quelques exceptions que l'usage fera connaître.

PARTICIPE PRÉSENT. — Le *participe présent* forme trois temps :
1° Les trois personnes plurielles du *présent de l'indicatif*, en changeant *ant* en *ons, ez, ent* : *aimant, nous aimons, vous aimez, ils aiment ; finissant, nous finissons, vous finissez, ils finissent ; valant, nous valons, vous valez, ils valent ; rendant, nous rendons, vous rendez, ils rendent*.
Les verbes de la troisième conjugaison en *evoir*, comme *recevoir, apercevoir*, changent *evant* en *oivent* à la troisième personne du pluriel : *recevant, ils reçoivent ; apercevant, ils aperçoivent*.
2° L'*imparfait de l'indicatif*, en changeant *ant* en *ais* : *aimant, j'aimais ; finissant, je finissais ; recevant, je recevais ; rendant, je rendais*.
3° Le *présent du subjonctif*, en changeant *ant* en *e* : *aimant, que j'aime ; finissant, que je finisse ; sachant, que je sache ; rendant, que je rende*.
Les verbes de la troisième conjugaison en *evoir*, comme *recevoir, apercevoir*, changent *evant* en *oive* : *recevant, que je reçoive ; apercevant, que j'aperçoive*.
Il y a aussi quelques exceptions que l'on apprendra par l'usage.

PARTICIPE PASSÉ. — Le *participe passé* forme tous les temps composés, en y ajoutant les différents temps du verbe *avoir* ou du verbe *être* :

	AVOIR.		ÊTRE.	
1° *Le passé indéfini :*	J'ai aimé,	j'ai fini,	je suis tombé,	je suis sorti.
2° *Le passé antérieur :*	J'eus aimé,	j'eus fini,	je fus tombé,	je fus sorti.
3° *Le plusq.-parf. de l'ind. :*	J'avais aimé,	j'avais fini,	j'étais tombé,	j'étais sorti.
4° *Le futur antérieur :*	J'aurai aimé,	j'aurai fini,	je serai tombé,	je serai sorti.
5° *Le conditionnel passé :*	J'aurais aimé,	j'aurais fini,	je serais tombé,	je serais sorti.
6° *Le passé du subjonctif :*	Que j'aie aimé,	que j'aie fini,	que je sois tombé,	que je sois sorti.
7° *Le plusq.-parf. du sub. :*	Que j'eusse aimé,	que j'eusse fini,	que je fusse tombé,	que je fusse sorti.

PRÉSENT DE L'INDICATIF. — Le *présent de l'indicatif* forme l'*impératif*, en supprimant les pronoms qui servent de sujet : *j'aime*, impératif *aime* ; *nous aimons*, impératif *aimons* ; *vous aimez*, impératif *aimez* ; *je finis*, impératif *finis* ; *nous finissons*, impératif *finissons* ; *vous finissez*, impératif *finissez*.
Excepté l'impératif du verbe *être* et du verbe *avoir*.

PASSÉ DÉFINI. — Le *passé défini* forme l'*imparfait du subjonctif* en changeant *ai* en *asse*, pour la première conjugaison : *j'aimai, que j'aimasse* ; et en ajoutant *se* pour les trois autres conjugaisons : *je finis, que je finisse ; je reçus, que je reçusse ; je rendis, que je rendisse*.

SUITE DU VERBE. = VIᵉ Leçon. — VERBES IRRÉGULIERS.

On appelle verbes irréguliers ceux qui ne suivent pas toujours la règle générale des conjugaisons. — On appelle verbes défectifs ceux qu'on n'emploie pas à certains temps et à certaines personnes. — Lorsqu'un temps primitif manque, tous les temps qui en dérivent manquent également.

TEMPS PRIMITIFS.					VERBES
PRÉSENT de L'INFINITIF.	PARTICIPE PRÉSENT.	PARTICIPE PASSÉ.	PRÉSENT de L'INDICATIF.	PASSÉ DÉFINI.	Qui ne suivent pas la règle générale dans la formation de leurs temps dérivés, soit dans quelques-unes de ces temps, soit seulement dans quelques personnes. Nota. Le caractère italique distingue les personnes formées régulièrement de celles qui ne le sont pas.
			PREMIÈRE CONJUGAISON.		
Aller	Allant	Allé	Je vais	J'allai	*Présent de l'indicatif.* Je vais, tu vas, il va, nous allons, vous allez, ils vont. — *Futur.* J'irai, tu iras, etc. — *Conditionnel.* J'irais, tu irais, etc. — *Impératif.* Va, allons, allez. — *Présent du subjonctif.* Que j'aille, que tu ailles, qu'il aille, que nous allions, que vous alliez, qu'ils aillent.
Envoyer	Envoyant	Envoyé	J'envoie	J'envoyai	*Futur.* J'enverrai, tu enverras, etc. — *Conditionnel.* J'enverrais, tu enverrais, etc.
			SECONDE CONJUGAISON.		
Acquérir	Acquérant	Acquis	J'acquiers	J'acquis	*Prés. de l'ind.* J'acquiers, tu acquiers, il acquiert, nous acquérons, vous acquérez, ils acquièrent. — *Fut.* J'acquerrai, tu acquerras, etc. — *Cond.* J'acquerrais, tu acquerrais, etc. — *Prés. du subj.* Que j'acquière, que tu acquières, qu'il acquière, que nous acquérions, que vous acquériez, qu'ils acquièrent.
Bouillir	Bouillant	Bouilli	Je bous	Je bouillis	
Courir	Courant	Couru	Je cours	Je courus	*Futur.* Je courrai, tu courras, etc. — *Conditionnel.* Je courrais, tu courrais, etc.
Cueillir	Cueillant	Cueilli	Je cueille	Je cueillis	*Futur.* Je cueillerai, tu cueilleras, etc. — *Conditionnel.* Je cueillerais, tu cueillerais, etc.
Dormir	Dormant	Dormi	Je dors	Je dormis	
Faillir	Faillant	Failli	Je faux	Je faillis	
Fuir	Fuyant	Fui	Je fuis	Je fuis	
Mentir	Mentant	Menti	Je mens	Je mentis	
Mourir	Mourant	Mort	Je meurs	Je mourus	*Fut.* Je mourrai, tu mourras, etc. — *Cond.* Je mourrais, tu mourrais, etc. — *Prés. du subj.* Que je meure, que tu meures, qu'il meure, que nous mourions, que vous mouriez, qu'ils meurent.
Offrir	Offrant	Offert	J'offre	J'offris	
Ouvrir	Ouvrant	Ouvert	J'ouvre	J'ouvris	
Partir	Partant	Parti	Je pars	Je partis	
Sentir	Sentant	Senti	Je sens	Je sentis	
Sortir	Sortant	Sorti	Je sors	Je sortis	
Tenir	Tenant	Tenu	Je tiens	Je tins	*Prés. de l'ind.* Je tiens, tu tiens, il tient, nous tenons, vous tenez, ils tiennent. — *Fut.* Je tiendrai, tu tiendras, etc. — *Conditionnel.* Je tiendrais, tu tiendrais, etc. — *Pr. du subj.* Que je tienne, que tu tiennes, qu'il tienne, que nous tenions, que vous teniez, qu'ils tiennent.
Tressaillir	Tressaillant	Tressailli	Je tressaille	Je tressaillis	*Futur.* Je tressaillirai, etc. — *Conditionnel.* Je tressaillirais, etc.
Venir	Venant	Venu	Je viens	Je vins	*Prés. de l'ind.* Je viens, tu viens, il vient, nous venons, vous venez, ils viennent. — *Fut.* Je viendrai, tu viendras, etc. — *Cond.* Je viendrais, tu viendrais, etc. — *Prés. du subj.* Que je vienne, que tu viennes, qu'il vienne, que nous venions, que vous veniez, qu'ils viennent.
Vêtir	Vêtant	Vêtu	Je vêts	Je vêtis	
			TROISIÈME CONJUGAISON.		
Choir					
Déchoir		Déchu	Je déchois	Je déchus	*Futur.* Je décherrai, tu décherras, etc. — *Conditionnel.* Je décherrais, tu décherrais, etc.
Échoir	Échéant	Échu	J'échois	J'échus	*Futur.* J'écherrai, tu écherras, etc. — *Conditionnel.* J'écherrais, tu écherrais, etc.
Falloir		Fallu	Il faut	Il fallut	
Mouvoir	Mouvant	Mû	Je meus	Je mus	*Futur.* Il faudra. — *Cond.* Il faudrait. — *Prés. du sub.* Qu'il faille (quoiqu'il n'y ait pas de participe présent). *Présent de l'indicatif.* Je meus, tu meus, il meut, nous mouvons, vous mouvez, ils meuvent. — *Prés. du subj.* Que je meuve, que tu meuves, qu'il meuve, que nous mouvions, que vous mouviez, qu'ils meuvent.
Pleuvoir	Pleuvant	Plu	Il pleut	Il plut	
Pourvoir	Pourvoyant	Pourvu	Je pourvois	Je pourvus	
Pouvoir	Pouvant	Pu	Je peux ou je puis	Je pus	*Prés. de l'indic.* Je peux ou je puis, tu peux, il peut, nous pouvons, vous pouvez, ils peuvent. — *Fut.* Je pourrai, tu pourras, etc. — *Cond.* Je pourrais, tu pourrais, etc. — *Prés. du subj.* Que je puisse, que tu puisses, etc.
Prévaloir	Prévalant	Prévalu	Je prévaux	Je prévalus	(Se conjugue en tout comme *valoir*, excepté au présent du subjonctif où il se fait régulièrement, *que je prévale, que tu prévales, qu'il prévale, que nous prévalions, que vous prévaliez, qu'ils prévalent.*)
S'asseoir	S'asseyant	Assis	Je m'assieds	Je m'assis	*Prés. de l'ind.* Je m'assieds, tu t'assieds, il s'assied, nous nous asseyons, vous vous asseyez, ils s'asseient. — *Futur.* Je m'assiérai, tu t'assiéras, etc. — *Cond.* Je m'assiérais, tu t'assiérais, etc. — *Prés. du subj.* Que je m'asseye, que tu t'asseyes, etc. On dit aussi : je m'assiérais, etc.
Savoir	Sachant	Su	Je sais	Je sus	*Prés. de l'ind.* Je sais, tu sais, il sait, nous savons, vous savez, ils savent. — *Imp.* Je savais, tu savais, etc. — *Fut.* Je saurai, tu sauras, etc. — *Cond.* Je saurais, tu saurais, etc. — *Imp.* Sache, sachons, sachez, etc.
Valoir	Valant	Valu	Je vaux	Je valus	*Futur.* Je vaudrai, tu vaudras, etc. — *Conditionnel.* Je vaudrais, tu vaudrais, etc. Point d'impératif. — *Présent du subjonctif.* Que je vaille, que tu vailles, qu'il vaille, que nous valions, que vous valiez, qu'ils vaillent.
Voir	Voyant	Vu	Je vois	Je vis	*Futur.* Je verrai, tu verras, etc. — *Conditionnel.* Je verrais, tu verrais, etc.
Vouloir	Voulant	Voulu	Je veux	Je voulus	*Présent de l'indicatif.* Je veux, tu veux, il veut, nous voulons, vous voulez, ils veulent. — *Fut.* Je voudrai, tu voudras, etc. — *Conditionnel.* Je voudrais, tu voudrais, etc. Point d'impératif. — *Présent du subjonctif.* Que je veuille, que tu veuilles, qu'il veuille, que nous voulions, que vous vouliez, qu'ils veuillent.
			QUATRIÈME CONJUGAISON.		
Absoudre	Absolvant	Absous (absoute f.)	J'absous		
Battre	Battant	Battu	Je bats	Je battis	
Boire	Buvant	Bu	Je bois	Je bus	*Prés. de l'ind.* Je bois, tu bois, il boit, nous buvons, vous buvez, ils boivent. — *Prés. du subj.* Que je boive, que tu boives, qu'il boive, que nous buvions, que vous buviez, qu'ils boivent.
Braire			Il brait		
Bruire	Bruyant				*Bruire* n'est usité qu'à l'infinitif et aux troisièmes personnes de l'imparfait.
Circoncire	Circoncisant	Circoncis	Je circoncis	Je circoncis	
Clore		Clos	Je clos		
Conclure	Concluant	Conclu	Je conclus	Je conclus	
Confire	Confisant	Confit	Je confis	Je confis	
Coudre	Cousant	Cousu	Je couds	Je cousis	
Croire	Croyant	Cru	Je crois	Je crus	
Croître	Croissant	Crû	Je croîs	Je crûs	
Dire	Disant	Dit	Je dis	Je dis	*Prés. de l'ind.* Je dis, tu dis, il dit, nous disons, vous dites, ils disent. — (*Dédire, contredire, interdire, médire, prédire*, font : *vous dédisez, vous contredisez, vous interdisez, vous médisez, vous prédisez*. Les autres personnes se conjuguent comme *dire*).
Éclore		Éclos	Il éclôt		
Écrire	Écrivant	Écrit	J'écris	J'écrivis	
Exclure	Excluant	Exclu	J'exclus	J'exclus	
Faire	Faisant	Fait	Je fais	Je fis	*Prés. de l'ind.* Je fais, tu fais, il fait, nous faisons, vous faites, ils font. — *Futur.* Je ferai, tu feras, etc. *Cond. prés.* Je ferais, tu ferais. *Prés. du subj.* Que je fasse, que tu fasses, etc. — (*Contrefaire, défaire, refaire, surfaire* et *satisfaire*, se conjuguent de même.)
Joindre	Joignant	Joint	Je joins	Je joignis	
Lire	Lisant	Lu	Je lis	Je lus	
Luire	Luisant	Lui	Je luis		
Maudire	Maudissant	Maudit	Je maudis	Je maudis	
Mettre	Mettant	Mis	Je mets	Je mis	
Moudre	Moulant	Moulu	Je mouds	Je moulus	
Naître	Naissant	Né	Je nais	Je naquis	
Nuire	Nuisant	Nui	Je nuis	Je nuisis	
Prendre	Prenant	Pris	Je prends	Je pris	*Prés. de l'ind.* Je prends, tu prends, il prend, nous prenons, vous prenez, ils prennent. — *Prés. du subj.* Que je prenne, que tu prennes, qu'il prenne, que nous prenions, que vous preniez, qu'ils prennent.
Répondre	Répondant	Répondu	Je réponds	Je répondis	
Résoudre	Résolvant	Résous, résolu	Je résous	Je résolus	
Rire	Riant	Ri	Je ris	Je ris	
Rompre	Rompant	Rompu	Je romps	Je rompis	
Suffire	Suffisant	Suffi	Je suffis	Je suffis	
Suivre	Suivant	Suivi	Je suis	Je suivis	
Traire	Trayant	Trait	Je trais		
Vaincre	Vainquant	Vaincu	Je vaincs	Je vainquis	
Vivre	Vivant	Vécu	Je vis	Je vécus	

SUITE DU VERBE. = VII° Leçon. — REMARQUES.

I. VERBES PASSIFS. — Il n'y a qu'une seule conjugaison pour tous les verbes passifs ; elle se fait en joignant le participe passé du verbe actif que l'on veut conjuguer à tous les temps de l'auxiliaire *être*.

II. VERBES NEUTRES. — La plupart des verbes neutres se conjuguent comme les verbes actifs, avec l'auxiliaire *avoir*; le modèle de la conjugaison des verbes actifs peut donc servir pour la conjugaison des verbes neutres ; à l'égard des temps composés des verbes neutres qui prennent l'auxiliaire *être*, la conjugaison des verbes actifs peut également servir de modèle ; il s'agit seulement de remplacer le verbe *avoir* par le verbe *être*.

III. VERBES PRONOMINAUX. — Les verbes pronominaux se conjuguent, dans les temps simples, comme les verbes de la conjugaison à laquelle ils appartiennent, et dans les temps composés ils prennent l'auxiliaire *être*.

IV. VERBES IMPERSONNELS. — Les verbes impersonnels se conjuguent comme les autres verbes, mais ils n'ont que la troisième personne du singulier. Dans les temps composés, ils prennent *être* ou *avoir*.

V. Le *sujet*, soit nom, soit pronom, se place ordinairement avant le verbe : L'*enfant travaille peu* ; il *joue*.
EXCEPTIONS. 1° Quand on interroge, le *sujet* se place après le verbe : *Que diront vos parents* ? *Viendrez-vous* ?
Quand le verbe qui précède *il*, *ils*, *elle*, *elles*, *on*, finit par une voyelle, on ajoute un *t*, devant ces pronoms : *Eugène a-t-il été au jardin* ? *Ma sœur viendra-t-elle* ? *Aime-t-on les paresseux* ? Ce *t* est appelé euphonique ; il est employé pour rendre la prononciation plus agréable.
L'usage ne permet pas toujours, pour interroger, de transporter le pronom *je* après le verbe, parce que la prononciation en serait rude et désagréable ; ne dites pas : *dors-je* ? *sors-je* ? il faut prendre un autre tour, et dire : est-ce que *je* dors? est-ce que *je* sors ?
2° Le sujet se met après le verbe, lorsqu'on cite les paroles de quelqu'un : *Etudiez, mes enfants*, disait un bon père, *si vous voulez être heureux*.
3° Le sujet se met après le verbe, quand il est précédé de *tel*, *ainsi*, signifiant *de telle sorte* : *Tel était son courage* ; *ainsi fut racontée* l'histoire.
4° Le sujet se met aussi après les verbes impersonnels : *Il est tombé beaucoup d'eau*.
On croit devoir faire observer que *il*, devant un verbe impersonnel ou pris impersonnellement, est un mot vague qui tient seulement la place du sujet, et que le sujet, lorsqu'il peut être exprimé, est placé après le verbe, et se présente sous la forme d'un régime : *il est tombé beaucoup d'eau*, c'est comme s'il y avait : *beaucoup d'eau est tombée*. Dans les verbes, *il pleut*, *il neige*, etc., le sujet ne peut être exprimé.

VI. Le verbe s'accorde en nombre et en personne avec son *sujet*. Exemples : *Je commande*, *l'enfant obéit* ; *vous commandez*, *les enfants obéissent*.
Si le verbe a plusieurs *sujets* singuliers on le met au pluriel. Exemples : *Le maître et l'élève jouent* ; *le roi et le berger sont égaux devant Dieu*.
Si les mots qui forment le *sujet* sont de différentes personnes, on met le verbe à la plus noble ; la première personne est plus noble que la seconde, la seconde est plus noble que la troisième. Exemples : *Vous et moi irons nous promener* ; *toi et elle irez vous promener*.
On met le verbe au singulier, quoiqu'il ait pour *sujet* plusieurs substantifs ou pronoms, quand les mots qui composent le *sujet* sont unis par la conjonction *ou*. Exemple : *L'avarice ou l'ambition lui a fait beaucoup d'ennemis*. Mais cette règle n'a pas lieu si les mots unis par *ou* sont de personnes différentes, car l'usage veut que le verbe se mette au pluriel, et qu'il s'accorde avec la plus noble personne. Exemple : *Toi ou Paul avez été à la chasse*.
On met encore le verbe au singulier, malgré les pluriels qu'il précède, lorsqu'il y a une expression qui réunit tous les substantifs en un seul. Exemple : *Villes, bourgs, villages*, tout fut saccagé.
Si le verbe a pour sujet deux substantifs ou pronoms, unis par une des conjonctions *comme*, *de même que*, *ainsi que*, *aussi bien que*, il s'accorde avec le premier sujet. Exemple : *La prudence, ainsi que le courage, a son prix*; parce qu'il y a deux propositions, dont l'une est elliptique. C'est comme si l'on disait : *La prudence a son prix*, *ainsi que le courage a son prix*.
Le verbe se met au pluriel lorsqu'il a pour sujet plusieurs substantifs ou pronoms, unis par la conjonction *ni*. Exemple : *Ni l'or, ni la grandeur ne nous rendent heureux*. Mais s'il n'y a qu'un des deux sujets qui puisse faire ou recevoir l'action exprimée par le verbe, ce verbe doit se mettre au singulier. Exemple : *Ni monsieur le comte, ni monsieur le duc, ne sera ambassadeur à Vienne*.

VII. Un substantif peut être *régime* de deux verbes à la fois : *J'aime et j'estime votre* frère ; mais si ces deux verbes exigent un *régime* différent, il faut donner à chacun le *régime* qui lui convient : *J'ai rencontré votre* frère *et lui ai parlé* ; on ne pourrait pas dire : *J'ai rencontré et parlé à votre* frère, parce que le verbe *rencontrer*, étant actif, veut un *régime* direct, et qu'il serait ici suivi du *régime* indirect *à votre frère*. Alors on exprime le substantif avec le premier verbe, et on se sert de pronoms pour exprimer le régime des autres verbes.
Un verbe ne peut pas avoir deux *régimes* indirects pour exprimer le même rapport, parce qu'une préposition ne peut pas se trouver deux fois dans la même phrase, lorsqu'il n'y a qu'un seul rapport à indiquer ; ainsi il ne faut pas dire : *C'est à vous à qui je m'étais adressé*, *c'est à eux à qui j'aurais voulu parler*. Dans ces phrases, il faut lier les deux propositions par la conjonction *que*, et dire : *C'est à vous que je m'étais adressé* ; *c'est à eux que j'aurais voulu parler*.
Pour rendre cette règle plus sensible, et reconnaître le vice de ces phrases, il suffit de supprimer *c'est* qui n'est employé que pour mieux faire ressortir ce que l'on dit ; et au lieu de : *C'est à vous à qui je m'étais adressé* ; *c'est à eux à qui j'aurais voulu parler*, on sera forcé de dire, en supprimant *c'est* : *Je m'étais adressé* à vous, *à qui* ; *j'aurais voulu parler* à eux, *à qui*. On voit que dans la première phrase, la première préposition *à* marque le rapport de m'adresser *à vous*, mais que la seconde préposition *à* n'exprime aucun rapport ; de même dans la deuxième phrase, la première préposition *à* marque le rapport de parler *à eux*, mais la seconde préposition *à* n'a aucun rapport à exprimer.

VIII. Le régime des verbes passifs s'exprime par les prépositions *de* ou *par*. Exemples : *L'enfant studieux est aimé de* ses maîtres. *Darius fut vaincu par Alexandre*.
On se sert de la préposition *de* quand le verbe marque un mouvement de l'âme, comme la joie, la colère, le mépris, etc., ou que chose qui se fait habituellement. Exemple : *Ces enfants sont chéris de leurs parents*; et on se sert de la préposition *par* quand le verbe marque une action du corps ou de l'esprit, ou un sentiment, un mouvement de l'âme qui dure peu. Exemples : *Carthage fut fondée par Didon. Télémaque fut composé par Fénelon*.
Les verbes passifs peuvent aussi s'employer sans régime, comme *Troie fut détruite*.

IX. Le *passé défini* ne s'emploie qu'en parlant d'un temps absolument écoulé ; ainsi il ne faut pas dire : *je lus aujourd'hui, cette semaine, cette année*, parce que le jour, la semaine, l'année, ne sont pas encore écoulés ; ne dites pas non plus, *j'étudiai ce matin*; il faut, pour le passé défini, qu'il y ait l'intervalle d'un jour.
Le *passé indéfini* s'emploie indistinctement pour un temps passé, soit qu'il en reste encore une partie à écouler ou non ; ainsi on dit bien : *j'ai lu aujourd'hui, cette semaine, cette année*, ou *j'ai lu hier, la semaine dernière, l'année passée*.

X. On emploie le *subjonctif* après les verbes qui expriment la volonté, le doute, la crainte, etc. De là le subjonctif est toujours sous la dépendance d'un autre verbe, et c'est le temps de ce verbe qui détermine celui du subjonctif qu'il faut employer.
1° Quand le premier verbe est au présent ou au futur, on met le second verbe au présent du subjonctif pour marquer un temps présent ou futur ; et on le met au passé pour marquer un temps passé. Exemples :

Je veux		Je doute	
Je voudrai	*que vous respectiez* vos parents.	Je douterai	*que vous ayez respecté* vos parents.

2° Quand le premier verbe est à l'imparfait, à l'un des prétérits ou passés, au plusque-parfait, ou à l'un des conditionnels, on met le second verbe à l'imparfait du subjonctif, pour marquer un temps présent ou futur, et au plusque-parfait, pour marquer un temps passé. Exemples :

Je voulais		Je doutais	
Je voulus		Je doutai	
J'ai voulu		J'ai douté	
J'eus voulu	*que vous respectassiez* vos parents.	J'eus douté	*que vous eussiez respecté* vos parents.
J'avais voulu		J'avais douté	
Je voudrais		Je douterais	
J'aurais voulu		J'aurais douté	

XI. L'*infinitif* peut s'employer comme sujet, et comme régime.
1° Lorsqu'il est employé comme sujet, le verbe doit être à la troisième personne du singulier, parce que l'infinitif n'ayant pas la propriété du nombre ne peut lui communiquer une forme plurielle. Exemple : *manger, boire et dormir, c'est son unique occupation*.
2° L'*infinitif*, employé comme régime d'un verbe, est toujours précédé par ce verbe : *il veut lire* ; il en est quelquefois séparé par une préposition : *il aime à parler*.
3° Employé comme régime d'un substantif ou d'un adjectif, il est toujours précédé d'une préposition : *le désir de vivre* ; *un enfant enclin à mal faire*.

SUITE DU VERBE. — VIIIe Leçon. — EXERCICES.

¹ *Verbe substantif.* — *Verbes adjectifs*, ² *actifs*, ³ *passifs*, ⁴ *neutres*, ⁵ *pronominaux*, ⁶ *impersonnels*, ⁷ *irréguliers*, ⁸ *défectifs*. — ⁹ *Emploi du subjonctif*. — ¹⁰ *Infinitif employé comme sujet*, ¹¹ *employé comme régime*.

¹ La nature a fait de l'homme un être compatissant, afin qu'il *soit* secourable. — Il y a peu d'hommes dont l'esprit *soit* accompagné d'un goût sûr et d'une critique judicieuse. — *Soyez* sincère, loyal, et conduisez-vous de sorte que vos parents se glorifient de vous avoir pour fils. — Le sot *est* souvent aussi vain qu'il *est* ignorant.

² A peine l'infortuné *éprouve*-t-il quelque adoucissement à ses maux, qu'il se flatte que la fortune a cessé de le *persécuter*. — L'orgueil *échauffe* la tête de l'homme, et *glace* son cœur. — Plus d'un conquérant *a terni* ses exploits en manquant d'humanité. — Un grand cœur, *disait* un roi de Perse, *reçoit* de petits présents d'une main, et en *fait* de grands de l'autre.

³ Les grands ne *sont traités* avec franchise que lorsqu'ils apprennent à monter à cheval; cet animal qui ne sait pas dissimuler jette par terre un prince aussi bien qu'un palefrenier. — L'esprit humain *est agité* perpétuellement entre l'erreur et la vérité. — Je ne sais quoi d'heureux *est répandu* sur le visage d'un honnête homme.

⁴ *Retournez* dans le sein de Dieu d'où vous *êtes sortie*, âme héroïque et chrétienne! — La douceur des formes n'exclut pas la fermeté du caractère : ainsi le câble flexible *résiste* à la fureur des flots. — Pourquoi les malheurs, que la vice a souvent entraînés après lui, n'ont-ils pas *servi* d'exemple aux hommes? — La meilleure manière de se venger, c'est de ne point *ressembler* à celui qui nous fait injure.

⁵ On respecte dans l'abaissement ceux qui *se sont respectés* dans la grandeur. — La gloire des hommes doit toujours *se mesurer* sur les moyens dont il *se sont servis* pour l'acquérir. — Il ne faut être ni avare ni prodigue; il faut *se renfermer* dans les bornes d'une sage économie.

⁶ La jeunesse étant susceptible de toutes sortes d'impressions, bonnes ou mauvaises, il *importe* de la bien diriger. — Il *convient* plus souvent de se taire que de parler. — Quelle bizarrerie de ne reconnaître l'auteur de la nature et de ne fléchir le genou que lorsqu'il *tonne*! — Il *faut* avoir hérité des vertus de ses pères pour avoir le droit de jouir de leur gloire. — Les vérités que l'on aime le moins à entendre, sont celles qu'il *importe* le plus de savoir.

⁷ On perd beaucoup de ce qu'on sait quand on n'*acquiert* pas constamment. — Il faut se *pourvoir* long-temps d'avance contre la vieillesse et la mort. — L'orgueil et la vanité *excluent* la reconnaissance. — On n'est pas mieux fondé à se *prévaloir* de sa naissance, que d'un billet gagné à la loterie.

⁸ La guerre développe le courage et fait *éclore* l'amour de la gloire. — Il faut, dit-on, *hurler* avec les loups et *braire* avec les ânes; c'est ainsi que tous les partis grossissent leurs rangs. — La vertu *reluit* davantage dans l'adversité.

⁹ La religion exige que nous *sacrifions* nos ressentiments. — L'ennui finira par vous gagner à moins que vous ne *variiez* vos occupations et vos amusements. — Le mérite d'avoir fait une bonne action sera le seul bien qu'on ne *puisse* nous enlever. — La pensée fréquente de la mort nous y accoutume, et c'est peut-être le plus beau triomphe que l'habitude *ait obtenu*.

L'empereur Théodose condamnait à mort tout délateur qui l'était pour la troisième fois, quoique ses délations n'*eussent* point *été jugées* fausses. — Il vaudrait mieux qu'un homme de bien *perdît* la vie, que de ternir son honneur par quelque action basse et honteuse.

¹⁰ *Attaquer* mon ami, c'est m'attaquer moi-même. — *Insulter* au malheur, c'est mettre le comble à l'inhumanité. — *Taire* un service qu'on a rendu, c'est ajouter au bienfait. — *Louer* quelqu'un des vertus qu'il n'a pas, c'est lui dire impunément des injures.

¹¹ On a mille remèdes pour *adoucir* le malheur de l'honnête homme, on n'en trouve pas un pour *alléger* celui du méchant. — La paresse fait *avorter* plus de talents que l'activité n'en fait *éclore*. — Il est bien difficile de *voguer* sur la mer des passions, sans *faire* naufrage.

Quoique les méchants prospèrent quelquefois, ne pensez pas qu'ils soient heureux. — La parfaite valeur est de faire, sans témoins, ce qu'on serait capable de faire devant tout le monde. — Un sot a toujours assez d'esprit pour être méchant. — Les grands ne seraient pas aussi fiers, si les petits n'étaient pas aussi vils.

La nature nous a donné deux enfances : l'une pour entrer sans crainte dans la vie, l'autre pour la quitter sans regret. — La raison supporte les disgrâces, le courage les combat, la patience les surmonte. — Dieu nous a donné la raison, afin qu'elle dirige notre conduite. — L'absence diminue les médiocres passions et augmente les grandes, comme le vent éteint les bougies et allume le feu.

Nous sommes environnés, en naissant, d'un nuage d'erreurs, que dissipent à peine les principes d'une bonne éducation. — Turenne pensait qu'un habile capitaine peut bien être vaincu, mais qu'il ne lui est pas permis d'être surpris. — Les hommes sont obligés de vivre en société par le besoin qu'ils ont les uns des autres.

Dieu envoie aux uns les secours nécessaires pour vivre, et aux autres des consolations pour bien mourir. — Nos aïeux vivaient pauvres et vertueux, et mouraient dans le champ où les avait vus naître. — Le philosophiste marche avec désespoir dans la carrière de la vie, qui, pour lui, n'aboutit à rien. — Pendant que l'innocence veille et dort en paix, le crime ne veille et ne dort que dans le tourment.

Plus on s'élève, plus l'horizon s'agrandit et plus on s'aperçoit de son néant. — Il faudrait que les hommes aimassent les louanges, et qu'ils s'efforçassent de les mériter. — Le sage se repent des fautes qui lui échappent, et s'en corrige ; le peuple avoue les siennes, et ne s'en corrige pas.

Il y a dans la vertu une noblesse, une élévation à laquelle les cœurs vils et rampants ne sauraient atteindre. — Être un honnête homme ne suffit pas ; il faut encore être un homme honnête. — La raison nous enseigne qu'il est plus glorieux de commander à ses passions que de s'y abandonner; et que plus il est difficile d'oublier une injure, plus il est grand de la pardonner. — Qu'importe la reconnaissance ? c'est assez de savoir qu'il existe un malheureux de moins.

Les hommes sont mus très-souvent par deux principes opposés, l'intérêt et la vanité. — Le méchant se nuit à lui-même avant de nuire aux autres. — Les poltrons fuient l'ennemi, les braves le joignent. — Toutes les sciences et tous les arts sont nés parmi les nations libres. — On peut tout ce qu'on veut, lorsqu'on ne veut que ce qu'on peut.

Il faut souvent moins le courage pour se corriger de ses défauts qu'il n'en faut pour les avouer. — La mort promène son niveau sur tous les hommes; et le puissant, l'homme de génie, gisent à côté du faible et du pauvre d'esprit. — L'air modeste sied beaucoup mieux que ce qu'on nomme le bel air.

Il n'y a que les grandes âmes qui soient capables de faire de grandes choses. — Dans le malheur que nous avons éprouvé, il n'y a que la religion qui ait pu nous consoler. — Tout méchants que sont les hommes, Dieu veut que nous les aimions. — La raison veut qu'on supporte patiemment l'adversité, et qu'on n'aggrave point le poids par des plaintes qui ne serviraient de rien.

Solon, en mourant, ordonna qu'on portât ses os à Salamine, qu'on les brûlât et qu'on en jetât la cendre par toute la campagne. — La Providence a permis que les Barbares détruisissent l'empire romain et vengeassent l'univers vaincu.

Se glorifier d'une bonne action qu'on a faite, c'est en perdre tout le mérite. — Estimer quelqu'un et lui donner toute sa confiance, c'est l'égaler à soi. — Bien écouter et bien répondre, c'est une des plus grandes perfections qu'on puisse avoir dans la conversation.

Le moyen de plaire et de réussir dans la conversation, c'est de s'appliquer bien plus à faire connaître l'esprit des autres que le sien. — Il faut fortifier la mémoire, afin de pouvoir la charger de souvenirs. — La lecture sert à orner l'esprit, à régler les mœurs et à former le jugement.

VIe ESPÈCE DE MOTS. — PARTICIPE.

Ire Leçon. — TABLEAU ANALYTIQUE.

PARTICIPE.

Le *participe* est un mot qui tient du verbe et de l'adjectif. Il y a deux sortes de participes.

Participe présent.

Il est toujours terminé en *ant* et est invariable.

Participe passé.

Il a plusieurs terminaisons et est variable. Il est employé seul, avec *être* ou avec *avoir*.

Le participe *passé* employé seul s'accorde avec le nom ou pronom auquel il se rapporte.

Le participe *passé*, accompagné de l'auxiliaire *être*, s'accorde avec le sujet du verbe, excepté dans les verbes pronominaux.

Le participe *passé*, accompagné de l'auxiliaire *avoir*, s'accorde avec son régime direct s'il en est précédé, et est invariable s'il en est suivi. Le participe passé des verbes pronominaux suit la même règle, parce que *être* est employé pour *avoir*.

IIe Leçon. — DEFINITIONS.

Le *PARTICIPE* est un mot qui tient du verbe et de l'adjectif.

Il tient du verbe, en ce qu'il en a la signification et le régime: *Un homme* aimant *Dieu; des hommes* aimés de Dieu.

Il tient de l'adjectif, en ce qu'il est toujours le qualificatif ou l'attribut du substantif: *Une femme* instruite; *une vertu* éprouvée.

Il y a deux sortes de participes: le *participe présent* et le *participe passé*.

PARTICIPE PRÉSENT. — Le *participe présent* est toujours terminé en *ant*; il exprime une action, et est ordinairement suivi d'un régime direct ou indirect exprimé ou sous-entendu. Il faut éviter de le confondre avec l'*adjectif verbal* qui a la même terminaison, et qui est ainsi appelé parce qu'il est formé d'un verbe.

Le participe présent se distingue de l'adjectif verbal: 1° parce qu'il peut avoir un régime direct; 2° parce qu'il ne peut se construire avec le verbe être; 3° parce qu'il peut être remplacé par un autre temps du verbe auquel il appartient, en faisant précéder ce temps du pronom relatif *qui*. Exemples: *L'homme* pratiquant *la vertu adoucit son sort. Les vents* soufflant *avec force*, sifflant *dans les cordages, s'opposent à la manœuvre*. Dans la première phrase, on reconnaît que *pratiquant* est participe, parce qu'il a un régime direct; et dans la seconde, on reconnaît que *soufflant* et *sifflant*, quoique n'ayant pas de régime direct, sont également participes, parce que ces mots ne peuvent se construire avec le verbe *être*, et que l'on peut, en les mettant à un autre temps du verbe, dire: *les vents* qui soufflent, *les vents* qui sifflent, etc.

L'*adjectif verbal* exprime la qualité, la manière d'être du substantif ou pronom auquel il se rapporte; on le distingue du participe présent: 1° parce qu'il ne peut avoir de régime direct; 2° parce qu'il peut se construire avec le verbe être. Exemples: *Ce sont des enfants* obligeants; *il a des manières* engageantes. On peut dire: *des enfants qui* sont obligeants; *des manières qui* sont engageantes.

Il faut, indépendamment du moyen indiqué ci-dessus, considérer la fonction que le mot en *ant* remplit dans la phrase, et se rappeler que le participe présent exprime l'action du sujet auquel il se rapporte, et que l'adjectif verbal marque simplement la qualité, la manière d'être de ce sujet.

PARTICIPE PASSÉ. — Le *participe passé* a plusieurs terminaisons; il peut varier comme l'adjectif, c'est-à-dire prendre un *e* muet au féminin et un *s* au pluriel. Il est employé seul, avec l'auxiliaire *être*, ou avec l'auxiliaire *avoir*.

PARTICIPE PASSÉ EMPLOYÉ SANS AUXILIAIRE. — Le *participe passé*, employé sans auxiliaire, s'accorde en genre et en nombre avec le substantif ou pronom auquel il se rapporte. Exemples: *Il n'est pas d'un homme* éclairé *de tirer vanité de ses ancêtres. Les inimitiés sourdes et* cachées *sont plus à craindre que les haines* ouvertes *et* déclarées.

PARTICIPE PASSÉ EMPLOYÉ AVEC ÊTRE. — Le *participe passé*, accompagné de l'auxiliaire *être*, s'accorde toujours avec le sujet du verbe, quelle que soit la place du sujet. Exemple: *La vertu timide est souvent* opprimée, *et la vertu obscure est souvent* méprisée. Excepté dans les verbes pronominaux, où le verbe *être* est toujours employé pour le verbe *avoir*.

PARTICIPE PASSÉ EMPLOYÉ AVEC AVOIR. — Le *participe passé*, accompagné de l'auxiliaire *avoir*, ne s'accorde jamais avec le sujet du verbe, ni avec son régime direct quand ce régime est placé après le participe. Exemples: *Les projets des méchants ont toujours* échoué. *Dans tous les temps les hommes ont* méprisé *le vice et* admiré *la vertu*. Mais il s'accorde avec son régime direct, toutes les fois que ce régime est placé avant le participe. *Mes amis, les conseils que je vous ai* donnés, *et que vous n'avez pas* suivis, *vous auraient* garantis *des malheurs que vous avez* essuyés.

Dans les verbes *pronominaux*, le verbe *être* est employé pour le verbe *avoir*; par conséquent le participe de ces verbes suit la même règle que le participe employé avec *avoir*. Exemple: *Ils se sont* rencontrés, *et ils se sont* parlé; c'est-à-dire *ils ont* rencontré *eux*, *et ils ont* parlé *à eux*. Le premier participe a un régime direct, avec lequel il s'accorde; et le second, n'ayant qu'un régime indirect avec lequel il ne peut s'accorder, doit rester invariable.

On voit d'après les exemples ci-dessus que le participe passé, accompagné du verbe *avoir*, est invariable lorsqu'il précède son régime direct; mais qu'il est variable si ce régime direct est placé avant lui. Cette règle, qui n'a pas d'exception, offre cependant quelques difficultés; pour les surmonter, il faut savoir que le régime direct placé avant le participe est toujours un des pronoms *me*, *te*, *se*, *nous*, *vous*, *le*, *la*, *les*, *que*, ou un substantif précédé de *quel*; *que de*, *combien de*.

Pour connaître mécaniquement la place qu'occupe le régime direct du participe, mettez après ce participe la question *qui*, pour les personnes, et *quoi*, pour les choses; la réponse sera le régime direct. Exemples: *Les soldats* que *vous avez* contraints *de marcher; vous avez contraint* qui? *les soldats*. Donc le pronom *que*, qui représente *soldats*, est régime direct du participe *contraint*, et demande l'accord de ce participe puisqu'il le précède. *La morale* que *le maître a* enseignée *à ses élèves*; *le maître a enseigné* quoi? *la morale*. Donc le pronom *que*, qui représente *morale*, est régime du participe *enseigné*, et demande également l'accord de ce participe.

IIIe Leçon. — REMARQUES.

I. Dans les verbes *impersonnels*, le participe passé, employé, soit avec l'auxiliaire *avoir*, soit avec l'auxiliaire *être*, est toujours invariable, 1° parce que les verbes impersonnels n'ont point de régime direct; 2° parce que le véritable sujet de ces verbes, exprimé ou non dans la phrase, est toujours représenté par le mot vague *il* qui est masculin singulier. Exemples: *Il est* survenu *de grands événements; il s'est* fait *une tempête; les chaleurs qu'il a* fait; *la disette qu'il y a* eu.

Dans ces exemples, les participes *survenu*, *fait*, *eu*, sont invariables, parce que les verbes sont impersonnels.

II. Le *participe passé* placé entre *que* relatif et *que* conjonction, est invariable; car, dans cette circonstance, le *que* relatif est le régime direct du verbe qui suit la conjonction; par conséquent le participe n'a point de régime direct qui le précède, et avec lequel il puisse s'accorder. Exemples: *La leçon que vous avez* voulu *que j'étudiasse. Vous avez voulu* quoi? *que j'étudiasse la leçon.* — *Les embarras que j'ai* su *que vous aviez. J'ai su* quoi? *que vous aviez des embarras*. On voit que le participe n'est précédé d'aucun régime direct, et que par conséquent il doit être invariable.

III. Le *participe passé* est invariable quand il a pour régime direct *l'* représentant un membre de phrase; parce que *l'* équivaut à *cela*, qui est masculin et singulier. Le participe doit donc être invariable dans les phrases suivantes: *Cette histoire n'est pas aussi agréable que je l'avais* cru (*que j'avais cru cela, qu'elle était agréable*) *La famine arriva comme Joseph l'avait* prédit (*avait prédit cela, qu'elle arriverait*). *Cette affaire a été jugée sans que nous l'ayons* su (*sans que nous ayons su cela, qu'elle eût été jugée*).

IV. Le *participe passé*, suivi immédiatement d'un infinitif, est variable, si le régime direct qui le précède lui appartient; mais il reste invariable, si ce régime retombe sur l'infinitif.

On connaît que le régime direct est celui du participe, si l'on peut le mettre immédiatement après ce participe, et changer l'infinitif qui suit en participe présent; mais si ce changement ne peut avoir lieu, le pronom est régime de l'infinitif, et le participe est invariable. Exemples: *Cette dame est bonne musicienne, je l'ai* entendue *chanter*. On peut dire: *J'ai* entendu elle *chantant*; le pronom *la* est donc le régime direct du participe *entendu*; d'après la règle, ce participe est variable. — *Cette chanson est jolie, je l'ai* entendu *chanter*. On ne peut pas dire: *J'ai* entendu *elle* (la chanson) *chantant*; mais on doit dire: *J'ai* entendu *chanter elle*. Donc le pronom *la* est régime du verbe *chanter*, et le participe, n'étant point précédé de son régime direct, est invariable.

Le participe *fait*, suivi d'un infinitif, est toujours invariable, parce que pour le sens il ne forme pour ainsi dire qu'un seul verbe avec cet infinitif; de sorte que c'est aux deux verbes réunis qu'appartient le régime direct. Exemple: *Les manuscrits que j'ai* fait copier *à cet enfant lui ont donné une idée de la littérature; j'ai fait copier quoi? les manuscrits*. L'on ne pourrait pas dire: *J'ai fait les manuscrits copier.*

Quoique le second verbe à l'infinitif se trouve quelquefois sous-entendu, le participe suit la même règle que quand cet infinitif se trouve exprimé. Exemples: *Je lui ai fait toutes les caresses que j'ai* dû (sous-entendu, *lui faire*). *Je vous ai rendu tous les services que j'ai* pu (sous-entendu, *vous rendre*).

V. Lorsque, dans les verbes actifs, il y a une préposition entre le participe passé et l'infinitif qui suit, le régime direct peut, comme dans la règle précédente, appartenir au participe ou à l'infinitif. C'est avec le secours de l'analyse qu'on peut le découvrir. Exemples: *L'histoire* que *je vous ai* donnée *à lire. Les règles* que *j'ai* commencé *d'expliquer.* — Dans la première phrase, le *que* relatif est le régime du participe *donnée*, parce que le substantif dont il tient la place peut être mis immédiatement après le participe. On peut dire: *Je vous ai* donné *l'histoire à lire.* — Dans la seconde phrase, le *que* relatif est régime de l'infinitif *expliquer*, parce que le substantif dont il tient la place ne peut être mis immédiatement après le participe. On ne pourrait pas dire: *J'ai* commencé *les règles d'expliquer*. Ce mot ne peut se placer qu'après l'infinitif, et il en est le régime.

L'accord a toujours lieu lorsque le participe est précédé de deux régimes directs: *Les conseils qu'il nous a* priés *de lui donner*; alors le régime direct énoncé le premier est régime de l'infinitif, et le second est régime du participe. Dans l'exemple ci-dessus, *que*, pronom relatif, est régime de *donner*, et *nous*, régime du participe *priés*.

VI. Quand le *participe passé* est précédé de *le peu*, il est variable ou invariable, suivant le sens qu'on attache à ce mot.

Lorsque *le peu* signifie *une petite quantité*, le participe est variable, et il s'accorde avec le substantif qui suit *le peu*: Le peu *d'application que vous avez* mise *à cette leçon, a suffi pour vous faire comprendre facilement cette règle*; c'est-à-dire *la petite quantité d'application*.

Lorsque *le peu* signifie *le manque*, le participe s'accorde avec *le peu*, et par conséquent est invariable: Le peu *d'application que vous avez* montré *dans le cours de cette année, a nui beaucoup à votre instruction*; c'est-à-dire *le manque d'application*.

Dans le premier exemple, *le peu* est employé comme collectif partitif, et dans le second il est employé comme collectif général. (Voir la règle qui a rapport aux collectifs.)

On connaît encore que le participe est variable, lorsqu'on peut supprimer *le peu* sans nuire au sens de la phrase; et qu'il est invariable, si cette suppression ne peut avoir lieu; en effet, dans le premier exemple on peut dire: *L'application que vous avez* mise *à cette leçon, a suffi pour vous faire comprendre facilement cette règle*; mais dans le second, on ne pourrait pas dire: *L'application que vous avez* montrée *dans le cours de cette année, a nui beaucoup à votre instruction*.

VII. Quand le verbe *avoir*, qui accompagne le participe passé, est précédé du pronom *en*, le participe ne peut jamais s'accorder avec *en*, attendu que ce pronom est toujours considéré comme régime indirect, et ne peut jamais influer sur le participe. Exemples: *Louis-le-Grand a fait lui seul plus d'exploits que les autres n'en ont* lu. *J'attendais quelques nouvelles, j'en ai* reçu.

Dans ces phrases: *J'ai parlé à votre cousin; les nouvelles que j'en ai* apprises *sont satisfaisantes. Votre fille avait des défauts, l'en avez vous* corrigée? Le participe ne s'accorde pas avec *en*, mais avec le régime direct qui le précède.

VIII. Le participe *coûté* est invariable, lorsqu'il est employé dans le sens neutre, et variable quand il est employé dans le sens actif. Il est neutre quand il signifie *être acheté à un certain prix*: *Cette maison ne vaut plus les dix mille francs qu'elle a* coûté (qu'elle a été achetée); il est actif quand il signifie *causer*, *exiger*: *Vous n'avez pas oublié les soins* que *vous m'avez* coûtés *depuis votre enfance* (que vous avez exigés).

Le participe *valu* suit la même règle, c'est-à-dire qu'il est invariable lorsqu'il est employé dans le sens neutre, et variable lorsqu'il est employé dans le sens actif; il est neutre quand il signifie *être d'un certain prix*: *Cette maison a coûté dix mille francs, elle ne les a jamais* valu (elle n'a jamais été de ce prix); il est actif quand il signifie *procurer*, *rapporter*: *Les honneurs que mon habit m'a* valus (m'a procurés, rapportés).

IV.ᵉ Leçon. — EXERCICES SUR LE PARTICIPE.

¹ *Participe présent.* — ² *Participe passé employé sans auxiliaire,* ³ *avec l'auxiliaire être,* ⁴ *avec l'auxiliaire avoir quand il précède son régime,* ⁵ *avec l'auxiliaire avoir quand il suit son régime.* — ⁶ *Participes des verbes pronominaux,* ⁷ *des verbes impersonnels,* ⁸ *entre deux que,* ⁹ *ayant l' pour régime;* ¹⁰ *suivis d'un infinitif,* ¹¹ *suivis d'un infinitif précédé d'une préposition;* ¹² *précédés de le peu,* ¹³ *précédés de en.* — ¹⁴ *Coûté et valu.*

¹ L'Eternel, en *donnant* à certains hommes le génie et l'activité, les fait participer à son immortalité. — L'homme se *livrant* à ses passions expose son bonheur. — En ne *demandant* guère à la fortune, on obtient souvent davantage.

² Si vous voulez bien parler et bien écrire, n'écoutez et ne lisez que des choses bien *dites* et bien *écrites*. — Les belles actions *cachées* sont les plus estimables. — Une vie *passée* dans la dissipation s'achève dans la langueur et la tristesse.

³ Peut-on contempler le Ciel, sans être *convaincu* que l'univers est *gouverné* par une suprême et divine intelligence? — Malheur aux hommes durs et impitoyables qui ne sont jamais *attendris* sur les infortunes des autres ! — Une bonne action est *récompensée* par le plaisir qu'on a de l'avoir faite. — Les éloges ne sont dus qu'au mérite et à la vertu.

⁴ Les biens et les maux sont comme deux fleuves qui ont si bien *mêlé* leurs eaux, qu'il est impossible de les séparer. — C'est par un effet de sa sagesse que Dieu a *semé* des amertumes au milieu de la félicité trompeuse de ce monde. — La nature nous a *donné* deux oreilles et une seule bouche, pour nous apprendre qu'il faut plus écouter que parler.

⁵ Plus nous nous appliquerons à connaître les merveilles de la nature, plus nous y admirerons la sagesse de celui qui, après les avoir *créées*, les soutient et les conserve. — Il y a de l'ingratitude à ne témoigner de la reconnaissance des bienfaits qu'on a *reçus*, que pour en recevoir de nouveaux.

⁶ Les mauvaises nouvelles se sont toujours *répandues* plus promptement que les bonnes. — La calomnie s'est *plu* à répandre son venin sur les vertus les plus pures. — Les hommes que Dieu avait créés innocents et parfaits, se sont *pervertis*. — La mer et les vents se sont *tus* à la voix du Seigneur.

⁷ Il s'est *trouvé* des hommes que la force de leur génie a rendus habiles dans des genres opposés. — Les froids excessifs qu'il a *fait*, il y a quelques années, ont presque égalé l'hiver rigoureux qu'il y a *eu* en mil sept cent quatre-vingt-huit.

⁸ Les secours que vous aviez *prétendu* que j'obtiendrais, ont été illusoires. — La conduite que j'avais *supposé* que vous tiendriez, vous l'avez tenue, et vous en avez été blâmée. — Les succès que Démosthènes avait *prévu* que Philippe obtiendrait, obligèrent les Athéniens à fortifier leur ville.

⁹ Triomphez, votre victoire est plus étonnante que vous ne vous l'étiez *imaginé* ! — Sa vertu était aussi pure qu'on l'avait *cru* jusqu'alors. — Notre traversée fut aussi heureuse que nous l'avions *présumé*. — La victoire vous a été aussi funeste que je l'avais *pressenti*. — La paresse de cet enfant, comme je vous l'avais *prédit*, est cause de son ignorance.

¹⁰ Pierre-le-Grand faisait partir des artisans de toute espèce pour Moscou, et n'envoyait que ceux qu'il avait *vus* travailler lui-même. — Les magnifiques monuments que l'antiquité a *vu* ériger, subsistent encore pour la plupart. — Que de jeunes gens se sont *laissé* égarer par de mauvais conseils !

¹¹ Ces jeunes gens, entraînés par le torrent, se trouvèrent hors de la route qu'ils avaient *résolu* de suivre. — Les erreurs qu'il a *contribué* à propager ont étouffé la vérité. — Les problèmes que le célèbre Pascal avait *donnés* à résoudre aux savants de l'Europe l'ont placé au premier rang des géomètres.

¹² Il ne laissa pas, en lui donnant des marques de son affection, de lui reprocher le peu de confiance qu'il avait *eu* en lui. — Le peu de fortune que nous avons *acquise* est le fruit de longs travaux.

¹³ La crainte de faire des ingrats, ou le déplaisir d'en avoir *trouvé*, ne doit pas nous empêcher de faire du bien. — La première faute de l'homme fut de se révolter contre son Créateur, et d'employer, pour l'offenser, tous les avantages qu'il en avait *reçus*.

¹⁴ Vous ne vendrez pas cette maison quarante mille francs, elle les eût *valu* si vous l'eussiez fait réparer à temps. — On ne doit jamais regretter ni le temps ni la peine qu'a *coûté* une bonne action.

Dieu punit les mauvais princes en les rendant eux-mêmes les instruments de sa colère. — La vertu est un bien qui s'accroît en se communiquant : plus il est répandu, plus la part de chacun est grande.

Les choses long-temps désirées sont presque toujours au-dessous de l'idée qu'on s'en était formée. — Il est des vérités démontrées mille fois, et qu'il faut démontrer encore. — Les méchants ont bien de la peine à demeurer unis.

L'étude de la morale et celle de l'éloquence sont nées en même temps ; l'union en est aussi ancienne que celle de la pensée et de la parole. — Notre élévation ne doit pas nous faire oublier le premier état d'où nous sommes sortis. — La mort n'est prématurée que pour qui meurt sans vertu. — L'envie rend hideuses les personnes qui en sont atteintes.

S'est-il passé un seul jour sans que Dieu nous ait donné une leçon par quelqu'un de ces grands exemples où sa providence éclate ? — La nature s'est montrée une mère bienfaisante ; elle a prodigué à ses enfants des biens précieux, dont ils ont abusé. — La présence d'un homme qui a fait de grandes actions impose plus que les discours les plus éloquents.

L'adulateur, en prêtant aux grands les qualités qui leur manquent, leur fait perdre celles que leur a données la nature. — Chérissez vos parents, qui vous ont comblé de bienfaits, et aimez la patrie, que les hommes de bien ont toujours mise au premier rang de leurs affections.

Les montagnes se sont élevées, et les vallons sont descendus à la place que le Seigneur leur a marquée. — La nature s'est montrée sévère à l'égard de plusieurs peuples, comme envers beaucoup d'individus. — C'est à l'ombre de la paix que les arts sont nés, ont prospéré et se sont perfectionnés.

Que de monuments célèbres il s'est construit en Italie ! on peut dire que cette terre est peuplée de débris et de souvenirs. — Les vents qui ont soufflé, la pluie qu'il a fait, les chaleurs qu'il y a eu, sont les effets de la puissance de Dieu.

Les moyens de défense que Thémistocle avait déclaré qu'il fallait employer, sauvèrent la Grèce entière du joug dont l'avaient menacée les Perses. — Les bons effets qu'on a vu ces mesures produisaient, ont démontré la sagesse de l'institution de la dictature. — Les embarras que j'ai su que vous aviez ont accéléré mon départ.

Quand Rome, comme nous l'avons vu dans l'histoire, s'est crue en danger, son premier soin a été d'affermir la discipline militaire. — Tout le monde a été à même de remarquer qu'une grande nouvelle est presque toujours exagérée dans le principe, et ne se trouve jamais aussi importante qu'on l'avait annoncé.

J'avais deux fils, ma plus belle espérance ! je les ai vus mourir à mes côtés ! — Voilà, mon fils, le sujet de ces larmes que tu m'as vu verser pendant le sacrifice. — Les passions que vous avez laissées fermenter finissent par vous subjuguer.

Les difficultés qu'on a cherché à vaincre, deviennent plus faciles à surmonter. — Nous demandons que tu pardonnes à ceux que tu as résolu de punir. — L'habitude que nous avons contractée de juger trop promptement, nous fait tomber dans bien des erreurs.

Je ne vous parle point du peu de capacité que j'ai acquise dans les armées. — Le peu de modération que ces deux hommes ont montré dans la prospérité les a fait passer pour orgueilleux et insensés.

En possédant les cœurs, ce prince possède plus de trésors que son père n'en avait amassé par son avarice cruelle. — Ne porte point envie à ton bienfaiteur, et ne cherche point à cacher les bienfaits que tu en as reçus.

Les pleurs que je lui avais coûtés semblaient avoir sillonné ses joues. — Nous sommes toujours dédommagés des peines que l'étude nous a coûtées. — Les mille francs que cette propriété a coûté, elle ne les a jamais valu.

VIIe ESPÈCE DE MOTS. — ADVERBE.

Ire Leçon. — TABLEAU ANALYTIQUE.

ADVERBE.

L'adverbe est un mot invariable qui se joint au verbe, à l'adjectif, au participe, et même à un autre adverbe, pour en exprimer quelque modification. On l'appelle adverbe, parce qu'il se place ordinairement près du verbe.

IIe Leçon. — DÉFINITIONS.

L'*ADVERBE* est un mot invariable qui se joint au verbe, à l'adjectif ou au participe, pour en exprimer quelque modification; ainsi, quand on dit : *Cet enfant qui travaille, et qui est sage, a contenté ses maîtres*, on ne présente que des idées de travail, de sagesse et de contentement; mais si l'on emploie des adverbes, et si l'on dit : *Cet enfant qui travaille* beaucoup, *et qui est fort* sage, *a toujours contenté ses maîtres*, les adverbes *beaucoup, fort, toujours*, modifient les mots *travaille, sage, contenté*, et déterminent les idées indéfinies que présentent ces mots.

Un adverbe peut modifier également un autre adverbe. Exemples : *il se conduit très-prudemment; il a agi à mon égard fort délicatement; prudemment, délicatement*, sont modifiés par les adverbes *très, fort*.

On appelle ce mot adverbe, parce qu'il se place le plus souvent près du verbe, pour le modifier.

Les adverbes sont simples ou composés : simples, quand ils sont formés d'un seul mot : *Jadis, toujours, jamais*, etc.; composés, quand ils sont formés de plusieurs mots : *A l'aventure, à tour de bras, de pied en cap, de fond en comble*, etc.

L'usage fera connaître les différentes espèces de modifications exprimées par les adverbes, que l'on peut diviser en adverbes *de manière, d'ordre, de lieu, de temps, de quantité, de comparaison, d'affirmation et de négation*.

La plupart des adjectifs ont chacun leur adverbe, qui se forme de la terminaison féminine de l'adjectif en y ajoutant *ment*; de *franc, franche*; de *grand, grande*; de *doux, douce*; on fait *franchement, grandement, doucement*. Cependant si l'*e* muet, qui marque le féminin, est précédé d'une voyelle, on ne conserve point cet *e* dans l'adverbe. Exemples : *joli, jolie; vrai, vraie; poli, polie; ingénu, ingénue*, forment *joliment, vraiment, poliment, ingénument*.

Dans les adjectifs terminés en *ant* et en *ent*, l'adverbe se forme du masculin, en changeant *nt* en *mment* : *prudent, méchant*, forment *prudemment, méchamment*.

Excepté les adjectifs *lent, présent*, qui forment leurs adverbes d'après la règle générale : *lentement, présentement*.

Adverbes les plus en usage :

Ailleurs,	auprès,	combien,	dehors,	ici,	plus,	secondement,
à l'entour,	aussi,	comme,	demain,	là,	pourquoi,	si,
alors,	autant,	comment,	dessous,	loin,	pourtant,	tant,
assez,	autrefois,	d'abord,	dessus,	mieux,	premièrement,	tard,
aujourd'hui,	beaucoup,	davantage,	ensuite,	où,	puis,	toujours,
auparavant,	bientôt,	dedans,	fort,	peu,	quand,	très, etc.

IIIe Leçon. — REMARQUES.

I. L'*adverbe* n'a jamais de régime; au contraire la préposition en a toujours un. Il faut donc éviter de confondre ces deux espèces de mots.

II. Les mots *à l'entour, auparavant, dedans, dehors, dessus, dessous*, sont des adverbes, ainsi on ne dira pas : *à l'entour de nous, auparavant lui, dedans la chambre, dehors la ville, dessus la table, dessous la chaise*. Pour exprimer ces différentes idées, il faut se servir de prépositions, et dire : *autour de nous, avant lui, dans la chambre, hors de la ville, sur la table, sous la chaise*.

III. *Plus et davantage* ne s'emploient pas l'un pour l'autre. *Davantage* est un adverbe qui, ne modifiant que le verbe, ne peut être suivi ni de la préposition *de* ni de la conjonction *que*; on dit : *Il est plus prudent que vous; il a plus d'instruction que moi*; mais on ne peut pas dire : *Il est davantage prudent que vous; il a davantage d'instruction que moi*.

De même, *davantage* ne doit pas s'employer pour *le plus*; ainsi dites : *De toutes les fleurs, la rose est celle qui me plaît le plus*, et non *davantage*.

IV. *Plus tôt*, écrit en deux mots, signifie *plus vite, plus promptement* : *Il partira plus tôt*, c'est-à-dire *plus promptement*.

Plutôt, écrit en un seul mot, signifie *de préférence, au lieu de* : *Il devrait lire plutôt que de jouer*, c'est-à-dire *au lieu de jouer*.

V. *Si et aussi* se joignent aux adjectifs, aux participes et aux adverbes : *Cet homme est si prudent, qu'on ne peut le tromper; cette femme est aussi sage que vertueuse, les ouvrages de Cicéron sont si estimés, qu'on les recherche avec empressement; ils ont agi si prudemment qu'ils n'ont pu être surpris; je ne suis conduit aussi sagement que vous*.

Tant et autant se joignent aux substantifs et aux verbes : *Il est rare de voir tant d'instruction et autant de modestie; il aime tant ses enfants, qu'il leur donne autant de livres qu'ils en veulent*.

Si tant marquent l'étendue; *aussi et autant* marquent la comparaison. Exemples : *Il est si instruit, il a tant étudié, qu'il peut répondre à toutes vos questions. Il est aussi prudent que brave; il a autant de sagesse que de modestie*.

VI. *De suite* veut dire *sans interruption* : *Il ne saurait dire deux mots de suite*, c'est-à-dire *sans interruption*. *Tout de suite* veut dire *sur-le-champ* : *Ils obéissent tout de suite*, c'est-à-dire *sur-le-champ*.

VII. *Tout-à-coup* signifie *subitement, soudainement* : *La grêle est tombée tout-à-coup*, c'est-à-dire *subitement*, etc. *Tout d'un coup* signifie *d'une seule fois* : *Il a gagné trente mille francs tout d'un coup*, c'est-à-dire *d'un seul coup, d'une seule fois*.

VIII. *Mal parler et parler mal* ont une signification bien différente; *mal parler* tombe sur les choses que l'on exprime, et *parler mal* sur la manière de les exprimer : le premier est contre la morale, et le second contre la grammaire. C'est *mal parler* que de dire des choses injurieuses; c'est *parler mal* que d'employer des expressions contraires aux règles de la grammaire.

IX. Les *adverbes de négation* sont : *ne, ne pas, ne point. Ne* est la plus faible négation, *ne point* est la plus forte, *ne pas* tient le milieu. *Ne* est employé : 1° après les verbes *empêcher, craindre, avoir peur, appréhender*, et tous ceux qui marquent la crainte : *Je crains qu'on ne le maltraite; j'empêcherai qu'il ne soit malheureux*; 2° après les adverbes qui marquent une comparaison, tels que *moins, mieux, plus, autrement* : *Il est plus sage qu'on ne pense; il est moins étourdi que je ne le croyais*; et les conjonctions *à moins que, de peur que, de crainte que* : *à moins qu'il ne vienne; de peur que vous ne lui disiez*.

On ne fait point usage de la négation *ne* après les adverbes qui marquent une comparaison, et après les conjonctions *à moins que, de peur que, de crainte que*, quand le verbe du membre de phrase précédent est accompagné d'une négation : *Il n'est pas aussi sage que je le pensais; vous n'êtes pas moins étourdi que je le croyais*.

On ne fait jamais usage de la négation *ne* après le verbe *défendre*, et les conjonctions *avant que, sans que* : *Avant qu'il fasse froid; il fera cela sans que vous l'aidiez; je défends que vous sortiez*.

Après les verbes *douter, nier, désespérer et disconvenir*, accompagnés d'une négation et suivis de la conjonction *que*, la phrase amenée par cette conjonction demande qu'on répète la négation *ne* : *Je ne doute pas, je ne nie pas, que cela ne soit*; mais on dirait, sans la négation : *Je doute, je nie, que cela soit*.

Pas et point se suppriment après *ne*, quand l'expression négative se trouve dans la phrase, comme *jamais, guère, nul, aucun, rien, personne*, etc. : *Ne faites aucun mal à votre semblable; un méchant ne sait jamais pardonner; je ne connais personne qui vous aime*. Observez encore qu'avec *ni* répété on supprime *pas* ou *point*. Exemple : *C'est le sort des choses humaines de n'être ni stables ni permanentes*.

Il y a des adverbes qui sont employés comme substantifs, comme *dessus, dessous, haut, bas*, etc. : *Le dessus de la maison; le dessous de l'armoire; le haut de la colonne; le bas de l'arbre*.

IV.· Leçon. — **EXERCICES SUR L'ADVERBE.**

¹ *Adverbes de manière*, ² *d'ordre*, ³ *de lieu*, ⁴ *de temps*, ⁵ *de quantité*, ⁶ *de comparaison*, ⁷ *d'affirmation*, ⁸ *de négation*. — ⁹ *Le plus, davantage*; ¹⁰ *plutôt, plus tôt*; ¹¹ *si, aussi*; ¹² *tant, autant*; ¹³ *de suite, tout de suite*; ¹⁴ *tout-à-coup, tout d'un coup*.

¹ Il ne faut jamais lire des livres *mal* écrits ; l'habitude façonne l'oreille et la réconcilie avec les phrases les plus vicieuses. — La philosophie triomphe *aisément* de tous les maux passés et à venir, parmi les maux présents triomphent d'elle.

² Le sot se reconnaît à ces signes : *d'abord* il se fâche sans motif, parle sans utilité, se fie sans connaître ; *ensuite* il interroge sur ce qui ne le regarde pas, et ne distingue pas son ami de son ennemi. — Si vous voulez donner des conseils, réfléchissez *auparavant*.

³ Quelle autre voix que celle de la Providence a pu dire aux vagues agitées : vous viendrez *jusque-là*, et vous briserez l'impétuosité de vos flots ! — Il ne faut attendre le bonheur *ici-bas* que de la vertu et de l'innocence.

⁴ L'homme avide de gloire brille un moment, fait un peu de bruit, et disparaît *à jamais*. — Nous croyons *souvent* avoir de la constance dans le malheur lorsque nous n'avons que de l'abattement. — On se corrige *quelquefois* mieux par la vue du mal que par l'exemple du bien. — Ceux qui ont *toujours* à faire doivent fuir ceux qui ont *toujours* quelque chose à dire. — Il y a bien des gens qui voient le vrai, et qui ne peuvent *jamais* y atteindre.

⁵ Pourquoi des personnes généreuses dans l'indigence sont-elles avares dans l'opulence ? c'est que l'or, au lieu d'apaiser la soif de l'or, l'augmente *beaucoup*. — L'homme de bien est *trop* confiant ; sa candeur et son innocence le rendent dupe des méchants. — La bienfaisance est un excellent fonds qui rapporte *beaucoup plus* qu'il ne coûte.

⁶ Un homme de bien aimerait *mieux* perdre tous les avantages dont il jouit dans la vie, que de s'écarter un seul instant de la vertu. — Une vanité franche déplaît *moins* qu'une fausse modestie. — Aimez Dieu par-dessus tout et votre prochain *autant* que vous-même. — Peu d'esprit, avec de la droiture, ennuie *moins* à la longue que beaucoup d'esprit avec des travers.

⁷ Les grands ont souvent une politesse si mortifiante, qu'on préférerait *certainement* leur brusquerie. — Le chrétien vertueux et de bonne foi est *assurément* un homme heureux.

⁸ La vie de l'homme *n'est* véritablement qu'un mélange de biens et de maux. — Aimez qu'on vous conseille et *non pas* qu'on vous loue. — Tous les hommes *ne* peuvent *pas* être grands, tous peuvent être bons. — Il n'y a *point* de vice qui *n'ait* une fausse ressemblance avec quelque vertu. — La bonté consiste en deux choses : à *ne point* faire de mal à ses semblables, et à leur faire tout le bien que l'on peut.

⁹ Le titre de bon est le premier des titres ; c'est celui qui honore *le plus* la Divinité ; et l'homme reconnaissant le lui défère avant tout autre. — J'ai eu beaucoup de peine, et je crains que par la suite vous n'en ayez encore *davantage*.

¹⁰ Le goût est *plutôt* un don de la nature qu'une acquisition de l'art. — Quoi qu'il arrive, écoutez *plutôt* la raison que la passion, suivez *plutôt* la vertu que le vice, vous n'aurez jamais à vous en repentir. — La passion n'est pas *plus tôt* satisfaite que le remords nous déchire.

¹¹ Rien de plus aisé que de se venger d'une offense ; rien d'*aussi* grand que de la pardonner : c'est la plus belle victoire qu'on puisse remporter sur soi-même. — La fortune est un enfant peu difficile en jouets ; elle ballotte *aussi* bien l'homme obscur que les grands.

¹² Les passions, qui ont *tant* de force, cèdent toutes à l'ambition. — Napoléon a conquis *tant* de pays, remporté *tant* de victoires, que la postérité aura peiné à le croire. — *Autant* aimé qu'il était admiré de ses sujets, Louis XII obtint d'eux le titre le plus digne d'un bon roi, celui de Père-du-Peuple.

¹³ Quand une occasion favorable se présente, saisissez-là *tout de suite*, de peur qu'elle ne vous échappe. — Ne faites point attendre le bienfait : c'est donner deux fois que de donner *tout de suite*. — Il faut faire défiler les troupes *de suite*, en se conformant à l'ordre qui nous a été donné.

¹⁴ La fortune est si légère qu'elle abandonne quelquefois *tout-à-coup* ceux même qu'elle a le plus favorisés. — La peur est une maladie qui se gagne *tout d'un coup*.

Nous cherchons inutilement tous les moyens pour nous procurer de la tranquillité. — L'homme obtient aisément ce qu'il craint ou ce qu'il désire. — Ne jugeons promptement de personne, ni en bien ni en mal. — C'est être honteusement habile que de faire des dupes.

On commence par se faire une haute idée de son art, puis de sa supériorité dans cet art ; et le grand danseur se croit un grand homme. — Il y a deux choses sur lesquelles les hommes n'entendent pas raillerie : premièrement l'amour-propre, ensuite leur bonheur.

Pour le matérialiste, il n'y a point d'ordre ici-bas ; point d'espérance au-delà ; tout est hasard, chaos, mort et néant. — L'univers est une sphère dont le centre est partout, et la circonférence nulle part.

La vertu et l'honneur peuvent s'étendre à l'infini ; on peut toujours en reculer les bornes, mais on ne les passe jamais. — Les hommes les plus durs et les plus pervers ont souvent dans la bouche les mots d'humanité et de morale. — L'hypocrite ne saurait feindre long-temps : un mot, un regard, un geste le trahit. — L'homme de bien oublie facilement le mal, mais il se rappelle toujours un bienfait. — La joie n'est jamais pure quand la conscience ne l'est pas.

Le mérite, les vertus même, doivent beaucoup à la modestie, qui en rehausse l'éclat. — Quel est l'homme qui n'ait pas une trop haute idée de lui, et une trop mince des autres ? — Parler beaucoup et bien, c'est le talent du bel esprit ; parler beaucoup et mal, c'est le défaut du fat ; parler peu et bien, c'est le caractère du sage.

L'aisance laborieuse corrompt moins les mœurs que l'oisive richesse. — La vérité ne fait pas autant de bien dans le monde que les apparences y font de mal. — Il me semble que rien n'est plus propre à élever l'âme que la contemplation des merveilles de la nature. — Malheur à ceux qui estiment plus les richesses que la vertu ! ils trouveront beaucoup d'amis, mais ils auront encore plus d'ennemis.

Le seul mot qui cimente un mariage ; mais malheur à l'union qui n'est pas formée par la sympathie et bénie par la religion !

Un honnête homme règle sa conduite, non sur celle des autres, mais sur l'honneur et le devoir. — Les femmes ne savent pas combien la douceur leur donnerait d'empire. — Ne faites point d'amis légèrement, et conservez ceux que vous avez faits. — Il n'y a que les sots et les ennuyeux qui nient besoin d'être riches. — Rien ne s'allie mieux à la vanité que la bassesse. — Il ne faut croire le mal que quand on ne peut pas faire autrement.

L'homme qui est le plus propre à remplir une place, et qui en est le plus digne, n'est pas toujours celui qui l'obtient. — Un conquérant acquiert beaucoup de gloire ; mais un roi pacifique et bon en obtient encore davantage.

Dieu se laisse plutôt fléchir par la vertu que par les offrandes. — Ceux qui nuisent à la réputation des autres, plutôt que de perdre un bon mot, méritent une peine infamante. — La modestie suppose le mérite, et le fait plus encore remarquer.

Il n'y a point d'homme si vicieux qu'il ne possède quelque bonne qualité. — Il n'est rien que l'homme donne aussi libéralement que les conseils. — Il est aussi facile de se tromper soi-même, qu'il est difficile de tromper les autres sans qu'ils s'en aperçoivent.

Le mauvais exemple nuit autant à la santé de l'âme que l'air contagieux à la santé du corps. — La plus heureuse vie n'a pas autant de plaisirs qu'elle a de peines. — L'étude offre tant d'avantages, qu'on ne saurait s'y livrer avec trop d'ardeur. — Est-il rien qui aveugle autant l'homme que la vanité ?

Ces livres, ces médailles, ne sont pas de suite ; mettez-les en ordre. — Nous remettons presque toujours au lendemain ce que nous devrions faire tout de suite, et la mort nous surprend sans que nous ayons pu effectuer notre promesse.

Admirons les coups de la fortune, qui relève tout-à-coup ceux qu'elle a abaissés. — Cet homme avait fait une brillante fortune ; il l'a perdue tout d'un coup.

VIII.ᵉ ESPÈCE DE MOTS. — PRÉPOSITION.

1.ʳᵉ Leçon. — TABLEAU ANALYTIQUE.

PRÉPOSITION.

La *préposition* est un mot invariable qui sert à marquer les rapports que les mots ont entre eux. N'ayant par elle-même qu'un sens incomplet, elle est toujours suivie d'un autre mot qui en complète la signification, et qui est appelé *régime de la préposition*.

Les prépositions formées d'un seul mot, comme *à*, *de*, *par*, etc., sont appelées *simples*; les prépositions formées de plusieurs mots, comme *vis-à-vis de*, *à travers*, etc., sont appelées *composées*.

II.ᵉ Leçon. — DÉFINITIONS.

La *PRÉPOSITION* est un mot invariable qui sert à marquer les rapports que les mots ont entre eux. Quand je dis : *Le fruit de l'arbre*, le mot *de*, qui est une préposition, marque le rapport qu'il y a entre *fruit* et *arbre*.

La préposition n'a par elle-même qu'un sens incomplet ; il faut qu'elle soit suivie d'un autre mot qui en complète la signification : ce mot est appelé régime de la préposition. Ainsi, dans *le fruit de l'arbre*, *aller à Paris*, *étudier pour apprendre*, *avoir confiance en Dieu*, les mots *arbre*, *Paris*, *apprendre*, *Dieu*, sont régimes des prépositions *de*, *à*, *pour*, *en*.

Il y a des prépositions *simples* et des prépositions *composées*.

Les prépositions *simples* sont celles qui sont formées d'un seul mot, comme *à*, *de*, *par*, *pour*, *sur*, *sous*, *en*, etc.

Les prépositions *composées* sont celles qui sont formées de plusieurs mots, comme *à travers*, *au travers*, *vis-à-vis de*, *à l'égard de*, *quant à*, *jusqu'à*, etc.

Il y a plusieurs espèces de prépositions ; les principaux rapports qu'elles expriment sont : le lieu, l'ordre, l'union, la séparation, l'opposition, le but, la cause, le moyen, etc.

Une même préposition s'emploie pour indiquer plusieurs rapports différents ; l'usage les fera connaître.

Prépositions les plus usitées :

A,	avec,	derrière,	environ,	moyennant,	pour,	suivant,
après,	chez,	dès,	excepté,	nonobstant,	proche,	sur,
attendu,	contre,	devant,	hormis,	outre,	sans,	touchant,
auprès,	dans,	durant,	hors,	par,	sauf,	vers,
autour,	de,	en outre,	jusque,	parmi,	selon,	voici,
avant,	depuis,	envers,	malgré,	pendant,	sous,	voilà, etc.

III.ᵉ Leçon. — REMARQUES.

I. La préposition doit se répéter devant chaque mot qui en est le régime. Exemple : *Toute réunion d'hommes est composée de bons, de médiocres, de mauvais*.

II. La préposition ne se répète pas devant les mots qui sont synonymes : *Il passe sa vie dans la mollesse et l'oisiveté*.

III. *Au travers* est toujours suivi de la préposition *de* : *Au travers de l'armée*. *A travers* n'en est pas suivi : *A travers l'armée*.

IV. *Par terre* s'emploie lorsque l'on parle d'un objet qui tient et touche à terre : *Cet homme, en courant, est tombé par terre*. *A terre* s'emploie lorsqu'il est question d'un objet qui est élevé au-dessus de la terre, sans y toucher : *Cet oiseau, en volant, est tombé à terre*.

V. Il ne faut pas confondre la préposition *près de*, qui signifie *sur le point de*, avec l'adjectif *prêt à*, qui signifie *disposé à* : *Combien de gens, près de quitter la vie, qui ne sont pas prêts à mourir ! Trop souvent on est près d'agir, sans y être prêt !*

VI. *Vis-à-vis* signifie *en face* ; il est ordinairement suivi de la préposition *de*, excepté dans le style familier : *Nous nous trouvâmes vis-à-vis du Capitole, antique monument qui rappelle tant de grandeurs passées*.

Il ne faut pas employer *vis-à-vis* pour *envers*, qui signifie *à l'égard de* : *Ingrat envers ses bienfaiteurs* ; et non *ingrat vis-à-vis de ses bienfaiteurs*.

VII. Il ne faut pas confondre *entre* et *parmi*. *Entre* se dit de deux objets ; exemple : *Entre Rome et Carthage, il y eut une grande rivalité*.

Parmi s'emploie pour désigner un plus grand nombre d'objets, et veut après lui un pluriel ou un substantif collectif : *Parmi de grandes vertus, il y a souvent quelques défauts. Il se mêla parmi le peuple, parmi la foule*.

VIII. *Voici* sert à montrer, à désigner une chose qui est proche de celui qui parle : *Voici le livre dont on a parlé* ; voici *la maison en question*.

Voilà a la même signification à peu près que *voici* ; mais il sert à marquer une chose un peu éloignée de celui qui parle : *Voilà l'homme que vous me demandez*.

IV.ᵉ Leçon. — EXERCICES SUR LA PRÉPOSITION.

¹ *Prépositions qui expriment un rapport de lieu*, ² *d'ordre*, ³ *d'union*, ⁴ *de séparation*, ⁵ *d'opposition*, ⁶ *de but*, ⁷ *de cause et de moyen*. — ⁸ *Prépositions ayant plusieurs régimes*, ⁹ *ayant pour régimes des mots à peu près synonymes*. — ¹⁰ *Au travers, à travers* ; ¹¹ *près de, prêt à* ; ¹² *parmi* ; ¹³ *voici, voilà*.

---

¹ La modération trouve toujours à glaner *dans* le champ du bonheur. — Le bienfaiteur grave son nom *dans* le cœur de celui qui reçoit le bienfait. — Les méchants servent à éprouver un petit nombre de justes qui se trouvent répandus *sur* la terre. — La vanité, l'esprit de domination, sont de tous les sexes, de tous les âges ; l'homme en met *jusque dans* la misère, *jusque dans* l'abjection, *jusque dans* le crime.

² Selon que l'on place les maximes de la vertu, *avant* ou *après* les leçons du vice, on recueille de la gloire ou de la honte, des plaisirs purs ou des remords. — Dans les grandes actions, il faut toujours songer à bien faire, et laisser venir la gloire *après* la vertu.

³ L'oisiveté et l'amour excessif des plaisirs entraînent *avec* eux tous les vices. — On console ceux qui nous sont indifférents et on s'afflige *avec* un ami. — Les hommes faibles passent leur vie *entre* les fautes et le repentir.

⁴ Les livres sont des conseillers muets qui instruisent et corrigent *sans* aigreur et *sans* flatterie. — *Excepté* le scélérat et le fou, chaque homme croit que la raison est ce qu'il pense, la vérité ce qu'il dit, la justice ce qu'il fait. — *Sans* expérience et *sans* réflexion, on reste dans une enfance perpétuelle. — L'honnêteté des manières, *sans* l'honnêteté des mœurs, n'est qu'une honnête hypocrisie.

⁵ Il faut faire le bonheur du peuple, comme celui d'un enfant, *malgré* lui, tout en comptant sur son ingratitude, même sur sa haine. — Bien des personnes n'ont *contre* elles que leur langue.

⁶ Un ecclésiastique ne doit rester avec le monde que *pour* l'instruire et l'édifier. — On peut être dur *envers* soi-même, et indulgent *envers* les autres. — La générosité consiste à se priver soi-même *pour* donner aux autres.

⁷ L'homme vertueux est accablé de douleur quand il voit l'impie outrager les mœurs et la religion. — C'est *par* la vertu qu'on chérit ses devoirs, et qu'on y tient sans effort. — Quoiqu'admirant la vertu, les méchants tiennent au vice *par* habitude et *par* intérêt. — L'homme juge le cœur *par* les paroles, et Dieu juge les paroles *par* le cœur. — Il n'y a de supériorité réelle que celle qui est donnée *par* le génie et la vertu.

⁸ C'est *dans* l'organisation et *dans* le caractère de l'homme que se trouvent les principes du bonheur. — Pour avoir le véritable repos, il faut être en paix *avec* Dieu, *avec* les autres et *avec* soi-même. — Nous devons apprendre *à* subjuguer nos passions, *à* vaincre nos désirs et *à* supporter avec courage les plus cruelles disgrâces.

⁹ Cette immortalité si vantée, et qu'un grand nombre d'hommes recherchent avec tant d'avidité, sera ensevelie *dans* les ruines et les débris de l'univers. — Tout est arrangé dans le monde *avec* une sagesse et une prévoyance infinie.

¹⁰ Saint Louis porta en Afrique ses armes redoutées *au travers* de ses plus grands dangers. — Un grand cœur se fait jour *au travers* des périls. — Quelque soin qu'on prenne de couvrir ses passions par des apparences de piété et d'honneur, elles paraissent toujours *à travers* ces voiles. — Les femmes ne doivent rien voir qu'*à travers* le voile de la modestie.

¹¹ On ne connaît souvent l'importance d'une action, que quand on est *près* de l'exécuter. — Le malheureux est toujours bien *près* d'être réputé coupable. — La mort ne prend jamais le sage au dépourvu : il est toujours *prêt à* mourir. — Un soldat doit toujours être *prêt à* obéir.

¹² *Parmi* les peines et les afflictions de cette vie, il y en a peu dont nous ne puissions nous consoler, si nous portons nos regards vers le Ciel. — Il y a plus de blessés *parmi* les fuyards que *parmi* les braves qui font face à l'ennemi.

¹³ *Voici* trois choses que nous devons consulter dans toutes nos actions : le juste, l'honnête et l'utile. — *Voilà* les services que j'ai rendus à cet homme, et *voici* la récompense que j'en ai reçue.

Le sage est inébranlable : les tempêtes mugissent autour de lui sans pouvoir le troubler. — La victoire marche sous les drapeaux de l'équité. — L'affabilité, qui prend sa source dans l'humanité, n'est pas une de ces vertus superficielles qui ne résident que sur le visage. — Trop souvent nous fermons les yeux aux beautés que la nature répand autour de nous. — L'intérêt se confond chez l'homme avec l'instinct de sa conservation.

Les richesses ne sont désirables qu'après l'honneur et la santé. — L'ambitieux jette derrière lui ses jours l'un après l'autre, et les regarde comme perdus tant qu'il n'a pas atteint son but.

L'alliance qu'on fait avec les méchants ne saurait être durable. — La nature répand ses bienfaits avec une libérale économie ; usons-en avec la même sagesse. — Il n'y a point de liaison entre ces deux idées.

Le sage regarde sans envie ce qu'il ne peut souhaiter sans extravagance. — Ne dites jamais : cette faute est légère, je puis la commettre sans danger. — Les soi-disant honnêtes gens sans religion, me font frémir avec leur vertu sans appui. — L'esprit sans jugement est dangereux. — Se placer au-dessus des lois, c'est se mettre hors de la loi.

Ayez le courage de ne pas être contre la raison, parce que la raison est contre vous. — Il faut étudier avec persévérance, malgré les difficultés qu'on éprouve. — Ce général n'a jamais voulu se battre que contre les ennemis de son pays.

Tous les hommes soupirent après le bonheur. — Puisque nous sommes nés pour souffrir, il faut se familiariser avec cette dure nécessité. — Il faut que les événements élèvent certains hommes pour faire briller leur mérite.

Les animaux semblent quelquefois plus sages de leur instinct, que certains hommes, de leur raison. — Le jugement de l'homme est presque toujours faussé par l'intérêt. — Si l'on connaissait tout le charme de la vertu, on ne s'en éloignerait que par démence. — Il y a des braves par vertu, d'autres par amour de la gloire. — Si le corps se fortifie par des travaux modérés, c'est par de sages instructions que l'esprit se perfectionne.

La patrie a des droits sur vos talents, sur vos vertus et sur toutes vos actions. — Jamais enfant n'a eu, pour son père et pour sa mère, des attentions plus soutenues. — Rien ne contribue plus au bonheur des hommes, que le soin qu'on prend d'orner et de fortifier l'esprit et le cœur des jeunes gens, par de sages maximes et de bons exemples.

Parmi les hommes, les uns passent leur vie dans l'oisiveté et la paresse, inutiles à la patrie et à eux-mêmes ; les autres, dans le tumulte et l'agitation des occupations humaines. — Les flatteurs souhaitent tous les biens à ceux auprès de qui l'ambition les retient, excepté le bon sens et la prudence.

Heureuse l'âme qui, remontant à son origine, passe à travers les choses créées sans s'y arrêter ! — Heureux le mortel qui peut découvrir la vérité à travers les voiles du mensonge dont la cupidité humaine la couvre ! — Le génie et la vertu marchent à travers les obstacles. — Alexandre, s'étant enivré dans un festin, passa son épée au travers du corps de Clitus, son meilleur ami.

Le dégoût est bien près de la jouissance dans les plaisirs des sens. — Rien n'est si près de la bêtise que l'esprit sans raison. — Les armées étaient prêtes à en venir aux mains quand on proclama la paix. — Ces enfants étaient près d'en venir aux mains, quand leur maître les retint par sa présence.

Vivre parmi les hommes qui n'ont pas des sentiments religieux, c'est vivre parmi les bêtes féroces. — Un seul mensonge mêlé parmi les vérités les fait, avec raison, suspecter toutes.

Faites du bien aux hommes, et vous serez béni ; voilà la vraie gloire. — Voici trois choses qu'on peut regarder comme le mobile des actions des hommes : l'intérêt, le plaisir et la gloire.

IXe ESPÈCE DE MOTS. — CONJONCTION.

Ire Leçon. — TABLEAU ANALYTIQUE.

CONJONCTION.

La *conjonction* est un mot invariable qui sert à lier un mot à un autre, ou une proposition à une autre.

Les conjonctions sont *simples* ou *composées* ; elles sont *simples* quand elles sont formées d'un seul mot, comme *et*, *que*, *aussi*, etc. ; elles sont *composées* quand elles sont formées de plusieurs mots, comme *ainsi que*, *dès que*, *aussitôt que*, etc.

IIe Leçon. — DÉFINITIONS.

La *CONJONCTION* est un mot invariable qui sert à lier un mot à un autre, ou une proposition à une autre. Quand je dis : *Vous serez estimé*, *si vous êtes sage* ; le mot *si* est une conjonction qui lie la première proposition *vous serez estimé*, avec la seconde *vous êtes sage*. *Je crois que vous êtes juste*. *On ne doit pas juger d'un homme par ses grandes qualités*, mais par l'usage qu'il en sait faire. Les mots *que* et *mais* sont également des conjonctions.

Les conjonctions sont *simples* quand elles sont formées d'un seul mot : *et*, *que*, *ni*, *aussi*. Elles sont *composées* quand elles sont formées de plusieurs mots : *pendant que*, *jusqu'à ce que*, *pour que*, *par conséquent*.

Les conjonctions forment plusieurs classes ; elles sont employées pour unir deux mots ; deux propositions dont l'une dépend de l'autre ; pour expliquer et faire comprendre plus facilement ce qui a été dit dans la proposition précédente ; pour lier deux propositions dont la seconde détermine la première ; pour exprimer une opposition entre ce qui précède et ce qui suit ; pour marquer une distinction ou une séparation ; pour marquer une condition ; pour expliquer une cause, un motif, une circonstance de temps ; pour marquer le passage d'une chose à une autre, etc.

L'usage fera connaître les différentes manières d'employer les conjonctions.

Conjonctions les plus en usage.

Ainsi,	comme,	et,	or,	pourquoi,	quoique,	soit,
aussi,	dès que,	lorsque,	ou,	pourtant,	savoir,	supposé que,
car,	donc,	mais,	parce que,	puisque,	selon que,	tandis que,
cependant,	en effet,	néanmoins,	par conséquent,	quand,	si,	toutefois,
c'est-à-dire,	enfin,	ni,	pendant que,	que,	sinon,	vu que, etc.

IIIe Leçon. — REMARQUES.

I. Les adverbes *plus*, *moins*, *mieux*, *autant*, répétés au commencement de deux propositions, empêchent que ces deux propositions ne soient unies par la conjonction *et* : Plus on a d'argent, plus on a de pouvoir ; moins on use de l'un, plus on abuse de l'autre. Ce serait une faute de dire : *plus on a d'argent et plus on a de pouvoir* ; *moins on use de l'un et plus on abuse de l'autre* ; parce qu'il ne s'agit pas de lier ces propositions, mais de marquer le rapport qu'elles ont entre elles. C'est comme s'il y avait : *On a d'autant plus de pouvoir qu'on a plus d'argent* ; *on abuse d'autant plus de l'un qu'on use moins de l'autre*.

II. *Parce que* (en deux mots) est une conjonction qui signifie *attendu que* : *Je le veux bien*, parce que *cela est juste*. *Par ce que* (en trois mots) signifie *par la chose que* : *Je vois*, par ce que *vous me dites*, *que cette chose est utile*.

III. *Quoique* (en un mot) signifie *bien que* : Quoique *peu riche*, *il est généreux*. *Quoi que* (en deux mots) signifie *quelque chose que* : Quoi qu'*il en arrive* ; *quoi que vous disiez*.

IV. *Quand*, conjonction, signifie *lorsque* : *Une femme est toujours belle*, quand *elle est bonne*. Il ne faut pas confondre *quand* avec *quant* qui est une préposition ; elle signifie *à l'égard de*, et est toujours unie à la préposition *à* : Quant *à vous* ; quant *à moi*.

V. *A cause que*, *devant que*, *durant que*, *malgré que*, ont vieilli et ne s'emploient plus.

VI. La conjonction *que* est souvent employée. *Que* est conjonction lorsqu'il ne peut pas se tourner par *lequel*, *laquelle*. Cela arrive toutes les fois qu'il n'y a point d'antécédent.

IV° Leçon. — EXERCICES SUR LA CONJONCTION.

¹ *Conjonctions pour unir deux mots ou deux propositions ;* ² *pour marquer une explication ;* ³ *pour lier deux propositions dont la seconde détermine la première ;* ⁴ *pour marquer une opposition ,* ⁵ *une séparation ,* ⁶ *une condition ,* ⁷ *une cause ou un motif ,* ⁸ *une circonstance de temps ,* ⁹ *le passage d'une chose à une autre qui en dépend ;* ¹⁰ *parce que, par ce que ;* ¹¹ *quoique, quoi que ;* ¹² *quand, quant.*

---

¹ Le travail *et* le courage, joints ensemble *et* long-temps soutenus , font surmonter tous les obstacles. — Les enfants n'ont *ni* passé, *ni* avenir, *et*, ce qui ne nous arrive guère, ils jouissent du présent. — La religion n'abat *ni* n'amollit le cœur ; elle l'ennoblit *et* l'élève. — Un sage a dit que l'instruction est un trésor, *et* que le travail en est la clef.

² La Grammaire, *c'est-à-dire* l'art de bien parler, est fort utile. — Les plantes composent trois grandes familles, *savoir :* les herbes, les arbrisseaux et les arbres.

³ L'homme qui n'aime *que* lui, ne hait rien tant *que* d'être seul avec lui-même. — Rien n'approche plus un mortel de la Divinité, *que* la bienfaisance. — Il n'y a pas d'association plus commune *que* celle du faste et de la lésine. — La religion ne veut pas *qu'*on regarde d'un œil d'envie la prospérité de ses semblables.

⁴ La bassesse est quelquefois le chemin de la fortune , *mais* on n'y rencontre jamais l'estime. — Le peuple est brutal, *mais* bon ; les grands sont polis, *mais* durs. — On est quelquefois sot avec de l'esprit, *mais* jamais avec du jugement. — L'amitié donne le droit de contredire ; *cependant* elle ne donne pas celui d'offenser par la contradiction.

⁵ La paresse *ou* l'inconstance fait perdre le prix des meilleurs commencements. — Dans la décision la plus importante de la vie, n'imposez pas le oui *ou* le non , laissez à l'homme sa liberté. — Presque tous les enfants, *soit* étourdis, *soit* bruyants, *soit* légers, deviennent des hommes médiocres.

⁶ La morale est impuissante, *si* elle n'ajoute à ses maximes la sanction de la religion. — On ne peut être juste, *si* l'on n'est humain. — On doit se consoler de vieillir, *pourvu qu'*on possède une âme saine dans un corps sain. — Nous nous épargnerions bien des regrets, *si* nous savions modérer nos passions.

⁷ Les hommes ne sont méchants que *parce qu'*ils ignorent l'intérêt qu'ils ont d'être bons. — Il faut user de tout avec modération, *de peur que* la privation n'en soit trop sensible. — *Puisque* aider ses semblables est un devoir, *pourquoi* les riches sont-ils si souvent sourds à la voix de l'infortune ? — Ne faites rien dans le moment de la colère ; *car* vous vous embarqueriez au milieu d'une tempête.

⁸ Nous admirons souvent dans un homme ses moindres qualités, *tandis que* nous ne faisons pas attention à celles qui sont vraiment dignes de notre estime. — Nous oublions aisément nos fautes, *lorsqu'*elles ne sont connues que de nous. — *Dès que* l'homme s'imagine que la vie est le souverain bien, il dégrade son âme. — Que ne peuvent le courage et la force, *quand* ils sont aidés par la sagesse !

⁹ L'esprit de l'homme est bien léger ; *en effet*, le moindre obstacle le détourne de sa route, un souffle change ses pensées. — La vertu est le premier des biens ; *donc* c'est d'elle seule que nous devons attendre le bonheur.

¹⁰ Les hommes ne sont inconséquents dans leurs actions, que *parce qu'*ils sont inconstants dans leurs principes. — Il nous est difficile de nous connaître, *parce que* nous ne sommes presque jamais semblables à nous-mêmes. — La vertu obscure est souvent méprisée, *parce que* rien ne la relève aux yeux des hommes. — Le pauvre jugit du riche *par ce qu'*il en reçoit. — Il m'a inspiré une grande confiance, *par ce qu'*il m'a dit.

¹¹ *Quoique* accoutumés aux merveilles de la nature, nous ne saurions nous empêcher de les admirer. — *Quoique* les douceurs de la vie soient souvent le fruit des arts, elles ne sont pas toujours le partage des artistes. — Le méchant, *quoi qu'*il fasse, ne pourra être heureux.

¹² Les yeux ne voient rien, *quand* l'esprit ou le cœur ne voit point avec eux. — Les mêmes manières qui siéent bien, *quand* elles sont naturelles, rendent ridicule, *lorsqu'*elles sont affectées. — *Quant* à la fortune , elle est comme le verre, brillante et fragile.

La richesse et le luxe donnent naissance à la mollesse et à l'oisiveté, et les nourrissent. — Qui ne sait être ni père , ni mari, ni fils, ni ami, n'est pas homme de bien. — Ni le temps, ni le malheur, ne doivent effacer de notre cœur le souvenir d'un ami. — Il faut laisser aux envieux le droit de dire des injures , et aux sots celui d'y répondre.

Les limites des sciences sont comme l'horizon, c'est-à-dire que plus on en approche et plus elles reculent. — Il y a trois genres d'éloquence, savoir : celle de la tribune, celle du barreau et celle de la chaire.

J'avais cru que l'on pouvait être vertueux sans religion ; l'expérience m'a détrompé. — Il n'y a que la vérité qui soit durable, et même éternelle. — Un véritable ami ne loue en nous que ce qui mérite d'être loué. — La religion veut que nous n'employions que les bienfaits pour nous venger de nos ennemis.

Le crime est quelquefois impuni , mais jamais tranquille. — On adorait la liberté, cependant on était entouré de tyrans. — Toujours l'espérance nous trompe ; toutefois nous la croyons toujours. — Dire d'où je viens, ce que je suis, où je vais, est au-dessus de mes idées ; pourtant tout cela est.

Soit modestie ou vanité , il est rare que nous nous apprécions bien nous-mêmes. — Les bonnes ou les mauvaises conversations forment ou gâtent l'esprit. — Choisis pour ton ami l'homme que tu connais pour le plus vertueux ; et ne résiste pas soit à la douceur de ses conseils, soit à la force de ses exemples.

L'ennui finira par vous gagner, à moins que vous ne variiez vos occupations et vos amusements. — La vie serait bien courte, si l'espérance n'en prolongeait la durée. — Les belles et mémorables actions ne peuvent illustrer, si elles n'ont pas la vertu pour cause.

Si les hommes entendaient bien leurs intérêts, ils ne commettraient pas de mauvaises actions, parce que le chagrin ou le remords les suit toujours de près. — Ne demandons pas à un ami des choses indignes de l'honneur, car un ami est un autre nous-même. — L'agriculture et le commerce sont également utiles dans un état ; car l'une nourrit les habitants, et l'autre les enrichit.

Il semble que nous agrandissions notre être, lorsque nous espérons vivre dans la mémoire des autres. — Nous n'aimons pas à recevoir des avis, quand ils blessent notre amour-propre. — Il n'y a de petit dès que le génie s'en empare. — On est tout réconcilié avec l'indigence, quand on a vu de près les misères de la grandeur. — Des secours sont payés d'avance, lorsqu'il faut qu'on les mendie.

Dieu nous a confié un poste sur la terre ; par conséquent il ne nous est permis d'en sortir que lorsqu'il nous rappelle à lui. — Les arrogants sont bien près de la lâcheté ; en effet , une piqûre de la satire ou de la douleur les rend aussi plats qu'ils étaient insolents.

L'homme vertueux ne s'autorise pas des occasions pour agir contre son devoir , parce que les occasions ne changent rien aux règles. — Rien ne peut enfler ni éblouir les grandes âmes , parce que rien n'est plus haut qu'elles. — Par ce qu'il a fait pour la gloire et la prospérité de son royaume, on jugera toujours que Henri IV a été le père de ses sujets. — Il ne faut pas juger d'un homme par ce qu'il ignore, mais par ce qu'il sait.

Quoiqu'il n'y ait rien de si naturel à l'homme que d'aimer la vérité, il n'y a rien qu'il cherche moins à connaître. — Quoi que vous étudiiez, il faut vous y livrer avec ardeur.

Quand d'honnêtes gens sont dans le besoin, c'est le moment de faire provision d'amis. — Il faut s'accommoder aux choses, quand les choses ne s'accommodent point avec nous. — Quant au charlatanisme, il n'attrape que l'ignorance ou la sottise.

Xᵉ ESPÈCE DE MOTS. — INTERJECTION.

Iʳᵉ Leçon. — **TABLEAU ANALYTIQUE.**

> **INTERJECTION.**
>
> L'*interjection* est un mot invariable qui sert à exprimer un sentiment vif et subit de l'âme, comme *la joie, la douleur, la surprise, l'admiration,* etc. : *Ha! hélas! ah! hola!*

IIᵉ Leçon. — **DEFINITIONS.**

L'*INTERJECTION* est un mot invariable dont on se sert pour marquer d'un seul trait *la joie, la crainte, la douleur, la haine, la surprise, le désir, l'admiration,* et les autres mouvements soudains de l'âme. C'est un cri naturel, mais ce cri remplace une proposition entière.

Il y a des interjections pour exprimer les différentes passions.

Ah, bon! expriment la joie : Ah ! *que vous me faites plaisir!*
Aïe! ah! hélas! expriment la douleur : Hélas ! *ayez pitié de moi!*
Ha! hé! expriment la crainte : Ha ! *que ce malheur n'arrive pas!*
Fi! fi donc! expriment l'aversion : Fi, *de la bonne chère, quand il y a de la contrainte!*
Ha! ho! expriment la surprise : Ha! *vous voilà!* ho! *que vous êtes méchant!*
Oh! ah! expriment l'admiration : Oh ! *que la nature est belle au printemps !*
Ça! allons! courage! servent à encourager : Ça ! *étudions!* courage, *mes enfants!*
Gare! hola! hé! hem! servent pour appeler ou avertir : Hola! hé ! *venez ici!*
Chut! paix! servent pour imposer silence : Chut ! *taisez-vous!*
Hé bien! pour interroger : Hé bien ! *que me direz-vous?*

IIIe Leçon. — **EXERCICES SUR L'INTERJECTION.**

¹ *Interjections qui expriment la joie*, ² *la douleur*, ³ *la crainte*, ⁴ *l'aversion*, ⁵ *la surprise*, ⁶ *l'admiration* ; ⁷ *pour encourager* ; ⁸ *pour appeler ou avertir* ; ⁹ *pour imposer silence* ; ¹⁰ *pour interroger*.

¹ *Ah!* que je suis heureux de revoir un ami !

² *Ah!* que la renommée est injuste et cruelle ! — *Hélas!* mes amis, n'essayez pas de me consoler ; une douleur affreuse s'est emparée de mon âme, et mon cœur affligé se refuse à toute consolation !

³ *Ah!* je crains bien que les mauvais exemples que vous lui donnez ne lui fassent commettre de grandes fautes !

⁴ *Fi, l'horreur !* retire-toi, ta conduite m'indigne.

⁵ *Ha!* que vous savez mal vous défendre, pour un homme de cour. — *Ha!* vous voilà donc ; je vous attends depuis long-temps avec impatience.

⁶ *Oh!* effet admirable ! la religion chrétienne, qui ne semble avoir d'objet que la félicité de l'autre vie, fait encore notre bonheur dans celle-ci ! — *Oh!* que la joie de faire du bien à ses semblables est douce !

⁷ *Allons!* travaillons sans relâche, et nous serons récompensés de nos peines.

⁸ Tout homme qui crie : « *Hola!* suivez-moi, je vais vous conduire au bonheur ! » entraîne après lui la multitude.

⁹ *Mon Dieu !* tout doux ; vous allez d'abord aux invectives ! Est-ce que nous ne pouvons raisonner ensemble sans nous emporter ? — *Chut !* sachez que la raillerie est toujours indécente.

¹⁰ *Hé bien !* croyez-vous que le coupable dorme tranquille, et qu'il puisse étouffer les remords dont il est déchiré ?

Ah! qu'il est doux, après un long exil, de revoir sa patrie, et de venir s'asseoir au foyer paternel !

Ah! je frémis de cette idée; un frissonnement général, une sueur froide, me saisissent ! — *Hélas!* l'horreur du supplice ne détourne pas toujours le méchant du crime !

Ah! tremblons que la perte de cet homme juste n'ait été jurée !

Fi, du plaisir que la crainte peut corrompre !

Ha! que je suis agréablement surpris en apprenant cette nouvelle. — *Ouais!* je joue ici un plaisant personnage !

Oh! que la beauté a de charmes, lorsqu'elle est unie à la sagesse ! — *Oh!* qu'elle est belle aux yeux du Ciel la douleur qui s'oublie pour calmer la douleur d'un autre !

Courage! camarades, redoublez d'activité, nous surmonterons tous les obstacles.

Ho ça ! je m'en vais vous faire voir quelque chose de curieux.

Paix ! il n'y a qu'un sot qui puisse se vanter comme vous le faites. — *Chut !* évitons d'élever la voix ; nous nous trahirions nous-mêmes.

Hé ! hé ! messieurs, qu'est-ce ceci ? à quoi songez-vous ?

ANALYSE GRAMMATICALE ET LOGIQUE.

Ire Leçon. — TABLEAU ANALYTIQUE.

PHRASE.

La *phrase* est un assemblage de mots qui concourent à exprimer une pensée plus ou moins développée, et qui forme un sens suivi.

Une phrase est formée d'une ou de plusieurs *propositions*.

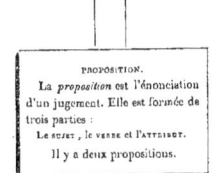

PROPOSITION.

La *proposition* est l'énonciation d'un jugement. Elle est formée de trois parties :
Le SUJET, le VERBE et l'ATTRIBUT.

Il y a deux propositions.

Proposition principale.

La proposition principale occupe le premier rang ; elle est absolue ou relative.

Proposition incidente.

La proposition incidente est jointe à une autre proposition pour la déterminer ou pour l'expliquer ; ainsi elle est *déterminative* ou *explicative*.

La proposition principale absolue a un sens complet, mais elle est indépendante d'une autre proposition.

La proposition principale relative a un sens complet, mais elle est rendue à une autre proposition pour concourir au sens qu'il forme avec elle.

La proposition incidente déterminative est celle qui est jointe au sujet ou à l'attribut pour en compléter le sens ; elle en est inséparable.

La proposition incidente explicative est celle qui est jointe au sujet ou à l'attribut pour en développer le sens, mais elle peut en être retranchée.

IIe Leçon. — DÉFINITIONS.

PHRASE. — La *phrase* est un assemblage de mots qui concourent à exprimer une pensée plus ou moins développée, et qui forme un sens suivi. La phrase commence et finit avec le sens, et selon qu'il est plus ou moins étendu, elle a plus ou moins de propositions.

La phrase peut être analysée grammaticalement et logiquement.

Analyser grammaticalement une phrase, c'est la décomposer en autant de parties qu'elle contient de mots, et faire connaître les rapports qu'ils ont entre eux.

Analyser logiquement une phrase, c'est distinguer les propositions qu'elle renferme, l'espèce de chaque proposition et les parties qui la constituent.

PROPOSITION. — La *proposition* est l'énonciation d'un jugement ; par exemple, quand je dis *Dieu est éternel*, je juge que le qualificatif *éternel* convient à *Dieu*. Un tyran n'est pas aimé, j'affirme que *aimé* ne convient pas à *tyran*.

Il y a dans une phrase autant de propositions qu'il y a de verbes à un mode personnel. — Toute proposition a trois parties, trois termes principaux : le *sujet*, le *verbe* et l'*attribut*.

SUJET. — Le *sujet* est l'être ou l'objet dont on affirme quelque chose.

ATTRIBUT. — L'*attribut* est la chose qu'on affirme du sujet.

VERBE. — Le *verbe* est le mot par lequel on affirme que l'attribut convient ou ne convient pas au sujet.

Dans la phrase *Dieu est éternel*, *Dieu* est l'être dont on affirme quelque chose, c'est le sujet ; *éternel* est la chose attribuée à *Dieu*, qu'on affirme lui convenir, c'est l'attribut ; *est* sert à faire connaître que l'attribut *éternel* convient au sujet *Dieu*, et c'est le verbe.

Indépendamment de ces trois parties logiques qui constituent la proposition, il en existe une quatrième qui n'est que grammaticale, et qui sert à compléter la pensée : c'est pour cette raison qu'on la nomme *complément* (*).

Le sujet et l'attribut sont *simples* ou *composés*, *incomplexes* ou *complexes*.

Le sujet est *simple*, quand il ne représente qu'un seul être ou un seul objet, ou plusieurs de la même espèce pris collectivement : *La vie est courte* ; *les hommes sont mortels*. — Il est *composé*, quand il représente des êtres ou des objets d'espèces différentes (c'est-à-dire quand il y a plusieurs substantifs) : *Le mensonge et la fraude sont indignes de l'homme.*

L'attribut est *simple*, quand il n'exprime qu'une manière d'être du sujet : *L'homme vertueux est estimé*. — Il est *composé*, quand il exprime plusieurs manières d'être du sujet (c'est-à-dire quand il y a plusieurs attributs) : *La charité est douce, patiente, bienfaisante.*

Le sujet et l'attribut *incomplexes*, quand ils n'ont aucune espèce de complément : *Les mortels sont égaux*. — Ils sont *complexes*, quand ils sont accompagnés d'un ou de plusieurs compléments, sans lesquels ils n'offriraient qu'une signification incomplète : *Une mauvaise conscience n'est jamais tranquille. Servir Dieu est le devoir de l'homme.*

Il n'y a, comme nous l'avons déjà dit, qu'un seul verbe, c'est le verbe *être*. On le rencontre tantôt sous sa forme simple, comme dans cette phrase : *Dieu est éternel* ; tantôt sous la forme composée, comme dans celle-ci : *Le travail écarte l'ennui, le vice et la misère* (pour *le travail est écartant l'ennui*, etc.). Ainsi l'attribut est toujours le participe présent d'un verbe adjectif. Pour trouver cet attribut, il faut prendre le participe présent du verbe de la proposition, et l'unir au verbe *être*, que l'on met au temps où se trouve le verbe adjectif.

Il y a deux propositions, la proposition *principale* et la proposition *incidente* (**).

PROPOSITION PRINCIPALE. — La proposition *principale* est celle qui occupe le premier rang dans l'énonciation de la pensée ; elle est *absolue* ou *relative*.

La proposition principale absolue a un sens complet, est indépendante de toute autre, et se trouve toujours la première dans la phrase : *L'économie du temps est la plus utile. La conscience est l'asile de l'infortuné.*

La proposition principale relative, bien qu'elle ait un sens complet, se lie à une autre proposition, pour former un sens suivi : *L'aumône est la prière par excellence* ; elle atteint toujours un but. La seconde proposition *elle atteint*, etc., est relative.

PROPOSITION INCIDENTE. — La proposition *incidente* est jointe à une autre proposition pour la déterminer ou pour l'expliquer ; ainsi il y a deux propositions incidentes : l'incidente *déterminative* et l'incidente *explicative*.

La proposition incidente *déterminative* est celle que l'on unit au sujet ou à l'attribut, pour en compléter le sens ; elle en est inséparable : *L'homme (qui unit le savoir à la vertu), est celui (que l'on doit honorer le plus dans la société).*

La proposition incidente *explicative* est jointe au sujet ou à l'attribut pour en développer le sens, mais elle peut en être retranchée : *L'imprimerie (que la ville de Mayence a vu naître) a contribué infiniment aux progrès de l'esprit humain.*

On reconnaît qu'une proposition est incidente, quand elle commence par un pronom relatif ou par une conjonction, excepté *et*, *ni*, *mais*, *ou*, qui commencent toujours une proposition principale relative.

(*) Il y a quatre espèces de compléments : le complément *modificatif*, le complément *direct*, le complément *indirect* et le complément *circonstanciel*.

Le complément *modificatif* est un mot qui modifie ou qualifie le sujet ou l'attribut : *L'homme sage est heureux*.

Le complément *direct* est le régime direct de l'attribut dont il complète la signification. Quelquefois ce régime sert aussi à compléter la signification de l'infinitif d'un verbe actif pris comme sujet : *L'opprobre avilit l'âme et flétrit le courage. Aimer ses ennemis est un devoir.*

Le complément *indirect* est un régime indirect qui complète, à l'aide de la préposition, la signification du sujet ou de l'attribut ; *La fréquentation des méchants est très-funeste. La piété véritable est la sûreté de la société.*

Le complément *circonstanciel*, qui est un adverbe ou une locution adverbiale, se joint à l'attribut et même à un des compléments du sujet pour en exprimer quelque circonstance, ou en modifier en plus ou en moins la signification : *Le mérite modeste plaît en tout temps.*

(**) La proposition est *directe*, *inverse*, *pleine*, *elliptique*, *explétive* ou *implicite*.

La proposition est *directe* lorsque le sujet, le verbe et l'attribut sont placés dans l'ordre analytique de la pensée, et que les différents compléments suivent immédiatement le sujet et l'attribut auxquels ils se rapportent : *Le bonheur des honnêtes gens est pur et durable.*

Elle est *inverse* ou *indirecte* lorsque cet ordre naturel n'est pas suivi : *De tous les biens, le plus précieux est la vertu.*

La proposition est *pleine* lorsque toutes les parties qui la constituent sont exprimées : *La servitude abaisse les hommes.*

Elle est *elliptique*, lorsqu'une ou plusieurs de ses parties sont sous-entendues : *Celui qui rend un service doit l'oublier* ; *celui qui le reçoit, s'en souvenir*, (pour *celui qui le reçoit doit s'en souvenir*.) — *Qui fait des heureux mérite de l'être* ; (*pour celui qui fait des heureux mérite d'être.*)

La proposition est *explétive* lorsqu'elle contient un ou plusieurs mots inutiles à la construction logique : *Moi, je vous dis que cet homme est juste*. Ces mots *moi* et *je* sont le sujet répété de la même proposition. Cette répétition se nomme *pléonasme*.

Elle est *implicite*, lorsqu'elle ne contient qu'un mot qui seul peut exprimer une pensée, c'est-à-dire qui tient lieu du sujet, du verbe et de l'attribut. Ce mot est ordinairement une interjection, comme *Ha!* que ces lieux sont beaux. Le mot *Ha!* est une proposition implicite qui veut dire : *je suis surpris, j'admire*, etc.

IIIe Leçon. — EXERCICES SUR L'ANALYSE.

ANALYSE GRAMMATICALE.

La flatterie est une bassesse.

La	art. fém. sing., indique que *flatterie* est pris dans un sens déterminé.
flatterie	substantif commun féminin singulier, sujet de *est.*
est	verbe substantif au présent de l'indicatif, 3e personne, singulier.
une	adjectif déterm. indéfini, féminin singulier, détermine *bassesse.*
bassesse.	substantif commun féminin singulier, attribut de *flatterie.*

Les savants et les artistes sont estimés et recherchés.

Les	art. masc. plur., indique que *savants* est pris dans un sens déterminé.
savants	subst. com. masc. plur., prem. sujet de *sont estimés* et de *sont recherchés.*
et	conjonction, qui unit deux membres de phrase.
les	art. masc. plur., indique que *artistes* est pris dans un sens déterminé.
artistes	subst. com. masc. plur., 2e sujet de *sont estimés* et de *sont recherchés.*
sont estimés	verbe passif, première conjug. au présent de l'indic., 3e pers., pluriel.
et	conjonction, qui lie deux membres de phrase.
(sont) recherchés.	verbe passif, 1re conjug., au présent de l'ind., 3e pers., pluriel.

Les grands besoins viennent des grands biens ; ils rendent la richesse égale à la pauvreté.

Les	art. masc. plur., indique que *besoins* est pris dans un sens déterminé.
grands	adjectif qualificatif masculin pluriel, qualifie *besoins.*
besoins	substantif commun masculin pluriel, sujet de *viennent.*
viennent	verbe neutre, 2e conjug. au présent de l'indicatif, 3e personne, pluriel.
des	art. contr. pour *de les; de* prép. qui marque le rapport de *biens* à *viennent; les* art. masc. plur., indique que *biens* est pris dans un sens déterminé.
grands	adjectif qualificatif masculin pluriel, qualifie *biens.*
biens ;	substantif commun masculin pluriel, régime indirect de *viennent.*
ils	pronom personnel, 3e personne du masc. pluriel, sujet de *rendent.*
rendent	verbe actif, 4e conj. au présent de l'indicatif, 3e personne du pluriel.
la	art. fém. sing., indique que *richesse* est pris dans un sens déterminé.
richesse	substantif commun féminin singulier, régime direct de *rendent.*
égale	adjectif qualificatif féminin singulier, qualifie *égale.*
à	préposition, qui marque le rapport de *pauvreté* à *richesse.*
la	art. fém. sing., indique que *pauvreté* est pris dans un sens déterminé.
pauvreté.	substantif commun féminin singulier, régime indirect de *égale.*

La gloire qui vient de la vertu a un éclat immortel.

La	art. fémin. sing., indique que *gloire* est pris dans un sens déterminé.
gloire	substantif commun féminin singulier, sujet de *a.*
qui	pron. relat. fém. sing., sujet de *vient ;* il a pour antécédent *gloire.*
vient	verbe neutre, 2e conjug. au présent de l'indicatif, 3e pers., singulier.
de	préposition, qui marque le rapport de *vertu* à *vient.*
la	art. fém. sing., indique que *vertu* est pris dans un sens déterminé.
vertu	substantif commun féminin singulier, régime indirect de *vient.*
a	verbe actif, 3e conjug., au prés. de l'ind., 3e pers. du singulier.
un	adjectif déterminatif indéfini, masc. sing., détermine *éclat.*
éclat	substantif commun masculin singulier, régime direct de *a.*
immortel.	adjectif qualificatif masculin singulier, qualifie *éclat.*

Les philosophes, qui sont plus instruits que le commun des hommes, devraient aussi les surpasser en sagesse.

Les	art. masc. plur., indique que *philosophes* est pris dans un sens déterminé.
philosophes,	substantif commun masculin pluriel, sujet de *devraient.*
qui	pr. rel. masc. plur., sujet de *sont instruits;* il a pour antécédent *philosophes.*
sont instruits	verbe passif, 4e conjug. au prés. de l'ind., 3e personne, pluriel.
plus	adverbe de comparaison.
que	conjonction, qui unit deux membres de phrase.
le	art. masc. sing., indique que *commun* est pris dans un sens déterminé.
commun	adj. pris substantivement, forme ici un collectif général masc. sing., sujet de *est instruit*, sous-ent. (*plus que le commun des hommes est instruit.*)
des	art. contr. pour *de les; de* préposition qui marque le rapport de *hommes* à *commun ; les* art. masc. pluriel, indique que *hommes* est pris dans un sens déterminé.
hommes,	substantif commun masculin pluriel, régime indirect de *commun.*
devraient	verbe actif, 3e conjug. au présent du conditionnel, 3e pers., pluriel.
aussi	adverbe, qui modifie *devraient.*
les	pronom person., 3e pers. du pluriel, régime direct de *surpasser.*
surpasser	verbe actif, 1re conjug. au prés. de l'infin., régime direct de *devraient.*
en	préposition qui marque le rapport de *sagesse* à *surpasser.*
sagesse.	substantif commun féminin singulier, régime indirect de *surpasser.*

La base de toutes les vertus, c'est la religion.

La	art. féminin singulier, indique que base est pris dans un sens déterminé.
base	substantif commun féminin singulier, attribut du sujet (*religion.*)
de	préposition qui marque le rapport de *vertus* à *base.*
toutes	adjectif déterminatif indéfini, féminin pluriel, détermine *vertus.*
les	art. féminin pluriel, indique que *vertus* est pris dans un sens déterminé.
vertus	substantif commun féminin pluriel, régime indirect de *base.*
c' pour *ce*	pr. dém., 3e p. du masc. sing., attribut de *religion*, répété par pléonasme.
est	verbe substantif, au présent de l'indicatif, 3e personne singulier.
la	art. fémin. sing., indique que *religion* est pris dans un sens déterminé.
religion.	subst. commun fém. sing., sujet de *est*, placé après par inversion.

Oh ! combien est malheureux l'homme qui n'espère plus en Dieu.

Oh !	interjection, qui sert ici à exprimer l'affirmation.
combien	adverbe de quantité, modifie *malheureux.*
est	verbe substantif au présent de l'indicatif, 3e personne, singulier.
malheureux	adjectif qualificatif masculin singulier, qualifie *homme.*
l' pour *le*	art. masc. sing., indique que *homme* est pris dans un sens déterminé.
homme	subst. commun masc. sing., sujet de *est*, placé après par inversion.
qui	pron. relat. masc. sing., sujet de *espère ;* il a pour antécédent *homme.*
n' pour *ne*	adverbe de négation, qui modifie *espère.*
espère	verbe actif pris neutralement, 1re conj. au prés. de l'ind., 3e pers. du sing.
plus	adverbe, qui modifie *espère.*
en	préposition, qui marque le rapport de *Dieu* à *espère.*
Dieu.	substantif propre masculin singulier, régime indirect de *espère.*

ANALYSE LOGIQUE.

La flatterie est une bassesse.

Proposition principale absolue, pleine et directe. — Le sujet est *flatterie*, il est simpl[e] parce qu'il ne représente qu'un seul objet, et incomplexe parce qu'il n'a aucun complément; — le verbe est *est ;* — l'attribut est *bassesse*, il est simple parce qu'il n'exprim[e] qu'une manière d'être du sujet, et incomplexe n'ayant aucun complément.

Les savants et les artistes sont estimés et recherchés.

Proposition principale absolue, pleine et directe. — Le sujet est *savants* et *artistes*, [il] est composé parce qu'il représente des êtres différents, et incomplexe parce qu'il n'a pas d[e] complément; — le verbe est *sont ;* — l'attribut est *estimés* et *recherchés*, il est compos[é] parce qu'il exprime plusieurs manières d'être du sujet, et incomplexe n'ayant pas de complément.

Les grands besoins viennent des grands biens ; ils rendent la richesse égale à la pauvreté.

Cette phrase renferme deux propositions : une principale absolue et une principal[e] relative.

Les grands besoins viennent des grands biens, proposition principale absolue, pleine e[t] directe. — Le sujet est *besoins*, il est simple exprimant des objets de même nature, et complexe ayant pour complément modificatif *grands ;* — le verbe est *sont ;* — l'attribut e[st] *venant*, il est simple parce qu'il n'exprime qu'une manière d'être du sujet, et complexe [à] cause du complément indirect *des grands biens.*

Ils rendent la richesse égale à la pauvreté, proposition principale relative, pleine e[t] directe. — Le sujet est *ils*, il est simple exprimant des objets de même nature, et incomplex[e] parce qu'il n'a pas de complément ; — le verbe est *sont ;* — l'attribut est *rendant*, il e[st] simple parce qu'il n'exprime qu'une manière d'être du sujet, et complexe parce qu'il a pou[r] complément direct *la richesse égale à la pauvreté.*

La gloire qui vient de la vertu a un éclat immortel.

Cette phrase renferme deux propositions : une principale absolue et une incidente déter[minative].

La gloire a un éclat immortel, proposition principale absolue, pleine et directe. — L[e] sujet est *gloire*, il est simple parce qu'il ne représente qu'un seul objet, et complexe à cau[se] du complément *qui vient de la vertu ;* — le verbe est *est ;* — l'attribut est *ayant*, il e[st] simple parce qu'il n'exprime qu'une manière d'être du sujet, et complexe à cause du complément direct *un éclat immortel.*

Qui vient de la vertu, proposition incidente déterminative, pleine et directe. — Le suj[et] est *qui*, il est simple parce qu'il ne représente qu'un seul objet, et incomplexe n'ayant aucu[n] complément; — le verbe est *est ;* — l'attribut est *venant*, il est simple parce qu'il n'exprime qu'une manière d'être du sujet, et complexe parce qu'il a pour complément indire[ct] *de la vertu.*

Les philosophes, qui sont plus instruits que le commun des hommes, devraient aussi les surpasser en sagesse.

Cette phrase renferme trois propositions : une principale absolue, une incidente explica[tive] et une incidente déterminative.

Les philosophes devraient aussi les surpasser en sagesse, proposition principale absolue pleine et directe. — Le sujet est *philosophes*, il est simple représentant des êtres d[e] même nature, et complexe parce qu'il a pour complément *qui sont plus instruits*, etc. — le verbe est *seraient ;* — l'attribut est *devant*, il est simple n'exprimant qu'u[ne] manière d'être du sujet, et complexe à cause du complément direct *les surpasser en sagesse*, et du complément circonstanciel *aussi.*

Qui sont plus instruits, proposition incidente explicative, pleine et directe. — Le suj[et] est *qui*, il est simple représentant des êtres de même nature, et incomplexe n'ayant pas [de] complément ; — le verbe est *sont ;* — l'attribut est *instruits*, il est simple parce qu'il n'exprime qu'une manière d'être du sujet, et complexe parce qu'il a pour complément circonstanciel *plus*, et pour autre complément *que le commun*, etc.

Que le commun des hommes (est instruit), proposition incidente déterminative, elliptique et directe. — Le sujet est *commun*, il est simple ne représentant qu'un objet, et complexe ayant pour complément indirect *des hommes ;* — le verbe est *est ;* — l'attribut e[st] *instruit*, il est simple parce qu'il n'exprime qu'une manière d'être du sujet, et incomple[xe] n'ayant aucun complément.

La base de toutes les vertus, c'est la religion.

Proposition principale absolue, inverse et explétive. — Le sujet est *religion*, il est simp[le] ne représentant qu'un seul objet, et incomplexe parce qu'il n'a pas de complément; — [le] verbe est *est ;* — l'attribut est *base*, *ce*, répété par pléonasme, il est simple parce qu'il n'exprime qu'une manière d'être du sujet, et complexe ayant pour complément indirect [*de*] *toutes les vertus.*

Oh ! combien est malheureux l'homme qui n'espère plus en Dieu.

Cette phrase renferme trois propositions : une principale absolue et deux incident[es] déterminatives.

Oh ! proposition principale absolue et implicite, qui signifie *j'affirme.* — Le sujet e[st] *je*, il est simple parce qu'il ne représente qu'un seul être, et incomplexe n'ayant pas de complément ; — le verbe est *suis ;* — l'attribut est *affirmant*, il est simple parce qu'il n'exprime qu'une manière d'être du sujet, et incomplexe n'ayant pas de complément.

Combien est malheureux l'homme, proposition incidente déterminative, pleine et i[n]verse. — Le sujet est *homme*, il est simple n'exprimant qu'un seul être, et comple[xe] parce qu'il a pour complément *qui n'espère plus*, etc. ; — le verbe est *est ;* — l'attrib[ut] est *malheureux*, il est simple parce qu'il n'exprime qu'une manière d'être du suje[t] et complexe ayant pour complément circonstanciel *combien.*

Qui n'espère plus en Dieu, proposition incidente déterminative, pleine et directe. — [Le] sujet est *qui*, simple parce qu'il ne représente qu'un seul être, et incomplexe n'ayant auc[un] complément ; — le verbe est *est ;* — l'attribut est *espérant*, il est simple parce qu'il n'exprime qu'une manière d'être du sujet, et complexe à cause du complément indirect *en D[ieu]* et des compléments circonstanciels *ne* et *plus.*

PONCTUATION.

La ponctuation consiste à placer à propos, dans l'écriture, des signes reçus, destinés à marquer les endroits où l'on doit s'arrêter plus ou moins long-temps.

Les signes de la ponctuation sont la virgule, le point-virgule, les deux points, le point, le point d'interrogation et le point d'exclamation.

La *virgule* (,) marque une très-petite pause ; elle se place : 1° entre les substantifs, les adjectifs, les verbes et les adverbes qui se suivent. Exemples :

La richesse, le plaisir, la santé, deviennent des maux pour qui ne sait pas en user. — La sagesse, l'esprit, l'honneur et la raison, sont des qualités rarement réunies. — Le faux talent est hardi, effronté, souple, adroit et jamais rebuté. — Sans la bonté, l'homme est un être inquiet, misérable, funeste à la terre et à lui-même. — Boire, manger, jouer, dormir, c'est l'occupation des paresseux. — Les voilà comme deux bêtes cruelles qui cherchent à se déchirer ; le feu brille dans leurs yeux, ils se raccourcissent, ils s'allongent, ils se baissent, ils se relèvent, ils s'élancent, ils sont altérés de sang. — Pour devenir savant, il faut étudier constamment, méthodiquement, avec goût et avec application.

2° La virgule est encore employée pour distinguer les différentes parties d'une phrase. Exemples :

L'étude rend savant, la réflexion rend sage. — Les bons et les méchants poursuivent également le bonheur, les premiers seuls l'atteignent.

3° On emploie aussi la virgule avant et après un mot, ou une réunion de mots, que l'on peut retrancher sans dénaturer le sens de la phrase. Exemples :

Celui qui néglige d'apprendre, dit le sage, tombera dans le mal. — L'orgueil, au lieu d'élever l'âme, la rabaisse à d'inconcevables petitesses.

Le *point-virgule* (;) marque une pause un peu plus longue que la virgule ; on le place entre deux phrases, dont l'une dépend de l'autre. Exemples :

La mort nous est aussi nécessaire que le sommeil ; par elle nous nous réveillerons plus frais le lendemain. — L'homme est né pour agir ; l'inaction est une mort anticipée. — L'aumône est la prière par excellence ; elle atteint toujours un but.

Les *deux points* (:) s'emploient : 1° après un membre de phrase qui annonce une citation. Exemples :

Dieu dit : Que la lumière soit, et la lumière fut. — Un célèbre moraliste dit : Le bonheur n'est que dans l'innocence.

2° Ils s'emploient aussi à la fin d'une phrase, suivie d'une autre qui sert à l'étendre ou à l'éclaircir. Exemples :

Les ressources de la vertu sont infinies : plus on en fait usage, plus elles se multiplient. — L'ignorance et la folie croient savoir tout : l'une et l'autre sont orgueilleuses ; le véritable mérite seul est modeste. — Bannissez les médisants : présents, ils vous amusent ; absents, ils s'amuseront de vous.

Le *point* (.) se met à la fin d'une phrase quand le sens en est complet. Exemples :

On peut juger du peu de cas que Dieu fait des richesses par leur distribution. — Les femmes ne peuvent imaginer de parure qui les embellisse autant que la vertu. — Gardez-vous d'égaler la richesse au mérite, le bel esprit à la raison. — La candeur est le plus bel ornement des femmes.

Le *point d'interrogation* (?) s'emploie à la fin d'une phrase où l'on interroge. Exemples :

S'il est ordinaire d'être vivement touché des choses rares, pourquoi le sommes-nous si peu de la vertu ? — Quel spectacle est préférable à celui des heureux qu'on a faits ? — Où est l'homme, où est le sage qui sait agir, souffrir et mourir, sans faiblesse et sans ostentation ?

Le *point d'exclamation* (!) s'emploie à la fin d'une phrase qui exprime la surprise, l'admiration, la terreur ou toute autre émotion. Exemples :

Ah ! comment s'est éclipsée tant de gloire !..... comment se sont anéantis tant de travaux !,... Ainsi donc périssent les ouvrages des hommes ! ainsi s'évanouissent les empires et les nations ! — Ah ! ce qui paraît grand aux mortels éblouis est bien petit aux yeux du sage !

FIN.

www.ingramcontent.com/pod-product-compliance
Lightning Source LLC
Chambersburg PA
CBHW060511050426
42451CB00009B/922